제자의 기도,
예수님의 화답

기도하면서 예수님과 동행하기

토마스 아 켐피스 지음 · 임은묵 옮김

예찬사

일러두기

* 이 책의 내용의 전부 또는 일부를 재사용하려면 반드시 저작권자의 동의를 받아야 합니다.

* 본문 성구는 개역개정이 사용되었습니다.

― 불멸의 기독교 고전 ―

제자의 기도, 예수님의 화답

토마스 아 켐피스 지음 · 임은묵 옮김

기도하면서 예수님과 동행하기

Prayer of disciple,
Answer of Jesus

신실한 영혼이여,
일어나서 신랑을 위해
마음을 준비하십시오.
그러면 그분이 당신에게 와서
당신의 마음에 살기를
원하실 것입니다.

옮긴이의 글

"제자의 기도, 예수님의 화답"은 시대를 초월하여 수많은 이들에게 깊은 영적 감동과 위로를 전해 온 토마스 아 켐피스의 불멸의 기독교 고전입니다. 이 책은 그리스도와의 친밀한 교제를 갈망하는 이들에게 귀중한 길잡이가 되어주며, 예수님과의 영적 대화를 통해 신앙의 본질과 깊이를 깨닫게 합니다.

끊임없이 변화하고 영적으로 혼란스러운 현대 사회에서 우리는 쉽게 불안과 혼돈에 빠지곤 합니다. 빠르게 움직이는 삶의 속도 속에서 내면의 평화를 찾기란 쉽지 않습니다. 하지만 이럴 때일수록 우리는 기도와 응답을 통해서 영적 토대를 견고히 하고, 흔들림 없는 삶의 지침을 붙드는 것이 중요합니다. "제자의 기도, 예수님의 화답"은 바로 그러한 지침을 제시하며, 수많은 독자가 이를 통해 위로와 힘을 얻고, 삶의 방향을 새롭게 설정해 왔습니다. 과거에도 그랬듯, 오늘날의 우리 역시 이 책을 통해 진정한 자아를 발견하고 영적인 평화 속에서 살아갈 수 있을 것입니다.

이 책의 특징은 그 단순한 언어와 깊이 있는 제자의 기도와 예수의 화답으로 주어진 메시지입니다. 각각의 장은 독자의 영혼을 어루만지며, 깊은 깨달음과 함께 실질적으로 적용하도록 이끌어줍니다. 이 책은 단순히 읽는 데서 그치지 않고, 실생활에 적용하여 삶의 변화를 이끌어내도록 돕습니다.

이 책을 실생활에 적용해 보시기 바랍니다.

1. 매일 묵상 시간을 갖고 한 장씩 깊이 되새김질을 해보십시오.
2. 어려운 상황에 직면했을 때, 이 책의 가르침을 떠올리며 기도하고 예수님의 응답을 경험하십시오.
3. 영적 전쟁에서 이 책을 지혜롭게 적용하여 승리하는 삶을 사십시오.
4. 기도 모임을 가질 때 다른 사람들과 함께 이 책의 내용을 나누고 영적으로 더 깊이 들어가십시오.
5. 제자의 기도를 통해서 예수님 안에 들어가 한 몸 되어 동행하는 삶을 누려보십시오.
6. 이 책에서 얻은 영감과 깨달음을 기록해보십시오.

이 책은 단순히 읽는 고전이 아니라, 우리의 삶을 변화시키는 실질적인 도구입니다. 저자가 담아낸 간절한 기도와 그에 대답하신 예수님의 말씀이 독자의 마음 깊이 스며들어, 풍성한 영혼의 결실을 맺기를 바랍니다. 고요한 시간 속에서, 이 책이 여러분의 신앙 여정에 가장 빛나는 등불이 되기를 소망합니다.

고요한 시간에
옮긴이 임은묵

차례

옮긴이의 글

Chapter_01 그리스도께서 당신의 마음에 말씀하심 · 13

Chapter_02 진리는 마음에 고요하게 말함 · 16

Chapter_03 깊은 겸손과 진지한 의도로 하나님의 말씀을 들음 · 19

Chapter_04 진리와 겸손으로 하나님 앞에서 살아야 함 · 24

Chapter_05 하나님 사람의 놀라운 효과 · 28

Chapter_06 사랑하는 자의 참 증거 · 34

Chapter_07 겸손으로 은혜를 보호함 · 39

Chapter_08 하나님 앞에서의 겸손 · 44

Chapter_09 모든 것은 하나님에게서 나오고 하나님께로 돌아감 · 47

Chapter_10 하나님을 섬기는 것이 얼마나 좋은지 · 50

Chapter_11 감정은 항상 보이는 것과 다를 수 있다 · 54

Chapter_12 인내 · 57

Chapter_13 순종과 겸손 · 60

Chapter_14 하나님의 눈으로 우리 자신을 보기 · 63

Chapter_15 우리의 갈망하는 모든 것에 대해 우리가 해야 할 것과 말해야 할 것 · 66

Chapter_16 오직 하나님 안에서 참된 위로를 구해야 함 · 70

Chapter_17 우리의 모든 염려를 하나님께 맡겨야 함 · 73

Chapter_18 그리스도의 모범을 따라 고난을 인내해야 함 · 76

Chapter_19 상처를 견딤과 참된 인내의 증거 · 79

Chapter_20 자신의 약점 인정하기 · 83

Chapter_21 우리는 무엇보다도 하나님 안에서 안식해야 함 · 87

Chapter_22 하나님의 많은 축복을 기억하기 · 93

Chapter_23 큰 평화를 가져오는 네 가지 · 97

Chapter_24 다른 사람들의 삶에 대한 호기심을 품지 않음 · 102

Chapter_25 마음의 참 평안 · 104

Chapter_26 참 자유는 겸손한 기도에서 온다 · 108

Chapter_27 자기애는 최고의 선을 얻는 것을 방해함 · 111

Chapter_28 사람들이 우리를 거슬러 말할 때 · 115

Chapter_29 시련의 때에 하나님 송축하기 · 117

Chapter_30 하나님의 도움 구하기 · 120

Chapter_31 우리가 창조주를 찾을 수 있도록 모든 피조물에게서 분리하심 · 125

Chapter_32 자신을 넘어 성장하기 · 129

Chapter_33 우리 시선을 하나님께 고정하기 · 132

Chapter_34 하나님을 사랑하는 사람은 무엇보다 하나님을 더
 즐거워한다 · 134

Chapter_35 이생의 유혹에는 자유가 없음 · 138

Chapter_36 다른 사람들이 너에 대해 뭐라고 말할지 걱정하지
 마라 · 141

Chapter_37 완전한 자기 포기를 통해 자유로운 마음 얻기 · 144

Chapter_38 행동을 통제하고 위기의 때에 하나님께로
 달려가기 · 147

Chapter_39 자기의 일에 지나치게 열심이어서는 안 됨 · 149

Chapter_40 사람의 모든 선함은 하나님에게서 나옴 · 151

Chapter_41 세상의 모든 명예를 아무것도 아닌 것으로 보기 · 155

Chapter_42 평화는 다른 사람들에게 달려 있지 않음 · 157

Chapter_43 오만한 배움에 반대하라 · 159

Chapter_44 우리의 일 생각하기 · 162

Chapter_45 듣는 것을 다 믿어서는 안 됨 · 166

Chapter_46 날카로운 말로 우리를 공격할 때 하나님
　　　　　신뢰하기 · 169
Chapter_47 영생을 위해 모든 짐을 견뎌야 함 · 174
Chapter_48 삶과 영원 · 177
Chapter_49 영생과 그 약속에 대한 갈망 · 183
Chapter_50 외로운 사람이 자신을 하나님의 손에 맡기는
　　　　　방법 · 189
Chapter_51 더 큰 일을 할 수 없을 때 겸손한 일을 해야 함 · 195
Chapter_52 우리는 위로보다 징계를 받아 마땅한 사람들 · 197
Chapter_53 하나님의 은혜는 세상의 지혜와 섞이지 않음 · 201
Chapter_54 본성과 은혜는 서로 다르게 움직임 · 204
Chapter_55 타락한 본성과 신성한 은혜의 효과 · 211
Chapter_56 십자가의 길로 말미암아 그리스도를 본받아야 함 · 216
Chapter_57 실패했을 때 너무 낙심하지 말아야 함 · 2220
Chapter_58 우리의 이해를 초월하는 것들을 캐묻지 않기 · 224
Chapter_59 모든 소망과 신뢰를 오직 하나님께 고정하기 · 232

Chapter_01
그리스도께서 당신의 마음에 말씀하심

제자 :

주 하나님께서 제 마음 깊이 말씀하시는 것을 제가 듣겠습니다.

내면에서 말씀하시는 주님의 말씀을 듣고 그분으로부터 위로의 말씀을 받는 영혼은 복이 있습니다.

하나님 음성의 부드러운 속삭임에 귀를 기울이고 세상의 와글와글하는 소리를 무시하는 귀는 복이 있습니다.

외부의 소음에 주의를 기울이지 않고 내부로부터 진

리의 가르침을 듣는 귀는 참으로 복이 있습니다.

외부의 것에 눈을 감고 내면의 것에 집중하는 눈은 복이 있습니다.

자신의 깊이를 파악하고 매일의 노력으로 하늘의 비밀을 이해하기 위해 자신을 준비시키는 사람은 복이 있습니다.

완전히 자유롭게 하나님을 모시고, 앞을 가로막는 모든 것을 떨쳐버린 사람은 복이 있습니다.

내 영혼아, 이것을 주목하여라.

침묵하고 마음의 고요한 곳으로 가라.

그곳에서 하나님의 음성을 듣게 될 것이다.

예수 :

나는 너의 구원과 평안과 생명이다.

내 안에 거하라. 그러면 평안을 얻을 것이다.

사라지는 모든 것을 버리고 영원한 것을 구하라.

사라지는 모든 것은 너를 나에게서 멀어지게 하는 유혹이 아니고 무엇이겠느냐?

피조물이 너를 창조자께 버림받게 한다면, 그것이

너에게 무슨 소용이 있겠느냐?

 그러므로 그러한 모든 것을 버리고 창조자를 기쁘시게 하고 신실하게 되어 참된 행복을 찾아라.

Chapter_02
진리는 마음에 고요하게 말함

제자 :
주님, 종이 듣고 있으니 말씀하십시오.
저는 주님의 종입니다. 주님의 길을 알 수 있도록 저에게 이해력을 주십시오.
제 마음을 주님의 말씀에 기울이게 하시고, 주님의 말씀을 풀 위의 이슬처럼 저에게 내려주십시오.
옛적에 이스라엘 자손은 모세에게 "주님이 우리에게 말씀하소서. 우리가 들으리이다. 하나님이 우리에게 말씀하시지 말게 하소서. 우리가 죽을까 하나이다"(출

20:19)라고 말했습니다.

주님, 저는 절대로 이렇게 기도하지 않습니다. 저는 위대한 선지자 사무엘처럼 겸손하고 간절히 "주님, 말씀하십시오. 주의 종이 듣겠습니다."라고 기도합니다.

모세나 다른 선지자가 저에게 말하는 것을 허락하지 마십시오.

모든 선지자에게 영감을 주시고 깨우쳐 주시는 주 하나님, 선지자들은 주님 없이는 아무 것도 할 수 없지만, 주님은 선지자들 없이 저를 완벽하게 가르치실 수 있습니다. 그들은 실제로 말을 할 수 있지만, 그 말의 정신을 전달할 수는 없습니다. 그들은 아름다운 말을 하지만, 주님이 침묵하시면 그들의 마음이 불타오르지 않습니다. 그들은 편지를 전달하지만, 주님은 그 편지의 의미를 드러내십니다. 그들은 신비스러운 것들을 말하지만, 주님은 그 비밀들을 드러내십니다. 그들은 계명들을 선포하지만, 주님은 우리가 그 계명들을 실천하도록 도우십니다. 그들은 길을 가리켜 주지만, 주님은 우리에게 그 길을 행할 힘을 주십니다. 그들은 사람의 외부에서만 일하지만, 주님은 사람의 마음을 가르치고 깨우치십니다. 그들은 땅에 물을 주지만, 주님은 풍성하게 추수하도록 하십니다. 그들은 말씀을 선포하지만, 주님은 우리가 듣는 것을 깨닫게 하십니다.

그러므로 모세가 저에게 말하는 것을 허락하지 마십시오. 주 하나님이시며 영원한 진리이신 주님이 저에게 말씀하십시오.

만약 제가 주님의 음성을 들으면, 외부로부터 경고만 받고 내면에 불꽃이 일어나지 않아 메마르고 황량하게 죽지는 않을 것입니다.

만약 제가 주님의 음성을 듣는다면, 말씀을 듣고 따르지 않거나, 알면서 사랑하지 않거나, 믿고 실천하지 않아서 정죄 받지 않도록 하십시오.

주님께는 영생의 말씀이 있으니 말씀하십시오. 주의 종이 듣습니다. 제 영혼을 위로하고 제 삶 전체를 변화시키기 위해 저에게 말씀하십시오. 그리하여 주님께 영원히 찬양과 영광과 존귀를 돌리도록 하십시오.

Chapter_03
깊은 겸손과 진지한 의도로 하나님의 말씀을 들음

예수 :

사랑하는 나의 친구여, 이 세상의 모든 철학자와 현자들의 말을 능가하고 감미로운 내 말을 들어라. 내 말은 영과 생명이다. 내 말은 사람의 지각으로 측량할 수 없다. 내 말은 한가하게 시간을 때우려고 발언되어서는 안 된다. 고요 속에서 듣고 깊은 겸손과 심오한 사랑으로 받아들여져야 한다.

제자 :

주님, 주님에게서 주님의 방법으로 가르침 받는 사람은 복이 있습니다. 주님은 주님의 가르침을 통해 그에게 환난의 날에도 안식을 주어 주님이 그와 함께 계신다는 것을 알게 하셨습니다.

예수 :

내가 처음부터 예언자들을 가르쳤고 지금도 말하기를 그치지 아니하지만, 많은 사람이 내 음성을 듣지 못하는 것은 그들이 내 말 듣기를 택하지 않았기 때문이다. 그들은 하나님의 말씀을 듣는 것보다 세상이 말하는 것을 더 듣고 싶어 하며, 하나님을 기쁘시게 하는 것보다 세상이 제공하는 것에 더 굶주려 있다.

세상은 한순간밖에 지속되지 않는 사소한 일들을 약속하고 탐욕스럽게 섬김을 받는다. 나는 모든 영원한 것을 약속하지만, 많은 사람의 마음은 영원한 것들에 무관심하다. 세상과 및 세상의 주인들에게 쏟는 것과 같은 관심으로 모든 일에서 나를 섬기고 순종하는 사람이 얼마나 되느냐? 그들은 자신들을 부끄러워해야 한다. 왜? 내 말을 들어보아라. 사람들은 작은 이익을 얻기 위해 먼 길을 달려가지만, 영생을 위해서는 땅에서 한 발도 떼지 않는 사람이 많다. 그들은 모든 노력에 대한 대가를 받기를 원하며 때로는 푼돈을 두고 부끄럽게 다투기도 한다. 그들은 작은 이익이나 앞서 언급한 승진 약속을 위해 밤낮으로 일하는 것을 두려워하지 않는다. 하지만 그들은 영원한 이익을 위해, 값진 이익을 위해, 최고의 영예와 끝없는 영광을 위해 최소한의 노력도 하지 않으려 한다.

그러므로 생명을 얻기보다는 영혼을 잃을 각오가 되어 있는 게으르고 투덜거리는 사람들은 부끄러워해야 한다. 그들은 진리보다 공허한 환상에 더 기뻐한다. 때때로 그들의 희망이 무너지지만, 내 약속은 아무도 속이지 않고, 나를 믿는 사람을 빈손으로 보내지 않는다. 사람이 끝까지 나를 사랑하기만 하면, 내가 약속한 것을 주고 내가 말한 것을 행할 것이다. 나는 모든 선한 사람에게 상을 주는 자이고, 나를 따르는 모든 사람에게 '예'라고 대답하는 자이다. 시련의 때에 내 말이 필요할 것이니, 내 말을 네 마음에 기록하고 깊이 묵상

해라.

네가 독서와 학습을 해도 이해하지 못하는 것은 내가 너에게 가서 가르쳐 줄 것이다. 나는 보통 내가 사랑하는 사람들을 두 가지 방법으로 찾아간다. 물론, 그것은 시험과 위로를 의미한다. 그리고 매일 나는 그들에게 두 가지 교훈을 제공한다. 하나는 그들의 결점을 지적하는 것이고, 다른 하나는 그들이 미덕에서 성장하도록 격려하는 것이다. 나를 배척하고 내 말을 받아들이지 않는 사람은 내가 마지막 날에 그를 심판할 자임을 온전히 알고 그렇게 하는 것이다.

제자 : 헌신의 은혜를 구하는 기도

오 주 하나님, 주님은 저의 최상이십니다. 제가 누구이기에 감히 주님에게 말씀을 드릴 수 있겠습니까? 저는 주님의 종들 중에서 가장 가난한 자요, 평범한 피조물입니다. 저는 제가 알고 있거나 감히 말할 수 있는 것보다 훨씬 더 가난하고 하찮은 존재입니다. 주님, 저는 아무것도 아니라는 사실을 기억해 주십시오. 저는 가진 것이 없습니다. 주님 없이는 저는 아무 가치도 없습니다. 주님만이 선하시고 의로우시며 거룩하십니다. 주님은 모든 것을 하실 수 있습니다. 주님은 모든 것을 주십니다. 주님은 모든 것을 채우십니다. 주님은 주님에게 등을 돌리기로 한 사람만 공허하게 홀로 남겨두십니다.

주님의 행위가 헛되지 않기를 바라시는 주님이시여, 주님의 자비를 기억하시고 주님의 은혜로 제 마음을 가득 채우십시오. 주님의 자비와 은혜가 저를 위로하지 않는다면, 제가 어떻게 이 불행한 삶을 살 수 있겠습니까? 주님의 얼굴을 저에게서 돌이키지 마십시오. 지체하지 말고 저에게 오십시오. 주님 사랑의 위로를 거두지 마십시오. 제 영혼이 마치 주님께 목말라 황량한 땅 같이 되지 않게 하십시오.

오 주님, 제가 주님의 뜻을 행하도록 가르쳐 주십시오. 주님은 저의 지혜이시며, 저를 참으로 아십니다. 이는 세상이 시작되기 전부터, 제가 세상에 태어나기 전부터, 저를 아셨던 분이기 때문입니다.

Chapter_04
진리와 겸손으로 하나님 앞에서 살아야 함

예수 :

사랑하는 나의 친구여, 진리로 내 앞에서 행하고, 항상 네 마음의 순박함으로 나를 찾아라. 나와 동행하는 사람은 모든 악에서 보호받을 것이며, 진리가 그를 모든 거짓에서 자유롭게 할 것이다. 진리가 너를 자유롭게 하면, 너는 진정으로 자유로워질 것이며, 다른 사람들이 무슨 말을 하든 상관하지 않을 것이다.

제자 :

 주님, 옳습니다. 말씀하신 대로 저에게 이루어지기를 원합니다. 주님의 진리가 저를 가르치고, 저를 지키고, 제가 구원에 이를 때까지 지켜주기를 원합니다. 주님의 진리가 저를 모든 그릇된 감정과 모든 혼란스러운 생각에서 자유롭게 해주면, 저는 마음의 큰 자유 속에서 주님과 함께 걷게 될 것입니다.

예수 :

 내가 옳은 것이 무엇인지, 내가 기뻐하는 것이 무엇인지 너에게 가르칠 것이다. 네가 나를 실망하게 했던 모든 시간을 깊은 슬픔과 후회와 함께 생각하고, 절대로 네가 선한 일을 했다고 자축하지 마라. 사실 너는 죄인이며, 많은 모순적인 정욕에 사로잡혀 있고 그 덫에 걸려 있다. 너는 항상 무(無)를 향해 나아가고, 쉽게 파멸에 빠진다. 너는 쉽게 압도당하고, 쉽게 마음이 상하고, 쉽게 약해진다. 너 자신에 대해서는 자랑스러워할 것이 아무것도 없다. 그러나 너를 겸손하게 할 것들은 많다. 왜냐하면, 너는 네가 아는 것보다 약하기 때문이다. 그러므로 네가 하는 어떤 일도 위대하게 여기지 마라. 영원한 것 외에는 어떤 것도 위대하게 여기지 말고, 감탄할 만한 것으로 여기지 말고, 크게 칭송받을 만하거나 고귀하거나 가치 있는 것으로 여기지 마라.

영원한 진리를 기뻐하고, 네 죄악을 항상 불쾌하게 여겨라. 네 죄악을 가장 두려워하고, 혐오하고, 도망쳐라. 네 죄악은 네가 가진 어떤 소유물을 잃는 것보다 너를 더 불쾌하게 만들 것이다.

어떤 사람들은 나와 정직하게 동행하지 않고, 호기심과 오만으로 이끌려 자기 자신과 구원에는 세심한 주의를 기울이지 않고서 내 내면의 생각을 알고 하나님의 숭고한 비밀을 이해하고 싶어 한다. 나는 그들 존재에 대한 그들의 교만과 호기심을 본다. 그리고 그러한 자들은 종종 그것들 때문에 큰 시험과 죄에 빠진다. 하나님의 심판을 두려워해라. 전능자의 진노를 두려워해라. 지극히 높으신 이의 행하신 일을 감히 헤아리지 말고 네 실수와 부족함과 선한 일을 얼마나 등한히 하였는가를 돌아보아라.

어떤 사람들은 독서(books)에, 다른 사람들은 성화(holy pictures)에, 또 다른 사람들은 외적인 기호들(signs)과 상징들(symbols)에 전념한다. 어떤 사람들은 입술로 나에 관하여 말하지만, 마음에는 내가 거의 없다. 반면, 다른 사람들은 지친 마음으로 최신 소식과 소문을 듣고 가능한 한 세상의 문제와 자신의 문제를 해결하려 한다. 이러한 사람들은 진리의 영이 그들 안에 말씀하는 것을 이해한다. 왜냐하면, 진리의 영은 그들에게 세상적인 것들을 하늘의 것들에 종속시키시고, 순간적인 고민 너머를 바라보며 밤낮 천국을 고대하도록 가르치시기 때문이다.

Chapter_05
하나님 사람의 놀라운 효과

제자 :

하늘에 계신 아버지시며 주 예수 그리스도의 아버지시여, 저의 가난 중에도 저를 기억하시니 찬양드립니다. 오 자비의 아버지시며 모든 위로의 하나님이시여, 저는 위로받을 가치가 없는 자이기만 제 삶을 종종 새롭게 해주셔서 감사드립니다. 저는 주님의 독생자와 보혜사 성령님과 함께 주님을 영원히 찬양하고 영광을 돌립니다.

오 주 하나님, 거룩하시며 저를 사랑하시는 분이시

여, 주님이 제 마음에 들어오시면 제 안의 모든 것이 기뻐합니다. 주님은 저의 영광이시며, 제 마음의 기쁨이십니다. 주님은 제 소망이시며, 환난 날에 제 피난처이십니다. 그러나 저는 아직 사랑이 부족하고 미덕에 흠이 있기에 주님께 위안과 위로를 받아야 합니다. 저에게 자주 오셔서 거룩함의 길을 가르쳐주십시오. 모든 악에서 저를 구해주시고, 모든 혼란에서 제 마음을 고쳐주십시오. 제가 치유되고 내면이 깨끗해지면, 마땅히 주님을 사랑할 수 있을 것입니다. 그러면 저는 고난 속에서도 강해지고 굳건하게 나아갈 수 있을 것입니다.

사랑은 위대한 것이고, 모든 면에서 위대한 선입니다. 이는 사랑만이 모든 짐을 가볍게 하고, 모든 불행을 순조롭게 지나가게 하기 때문입니다. 사랑은 모든 쓴 것을 달고 향긋하게 만듭니다. 예수님의 고귀한 사랑은 우리가 위대한 일을 하도록 격려하며 항상 완전함을 갈망하도록 자극합니다. 사랑은 높은 곳으로 오르기를 원하며 어떤 낮은 것에도 묶이기를 원하지 원합니다. 사랑은 자유롭게 되고, 방해받지 않고, 온전하기를 원하며, 순간적인 이득이나 일시적인 패배로 인해 내면의 시야가 흐려지지 않기를 원합니다.

하늘이나 땅에서 사랑보다 더 달콤하고, 더 강하고, 더 고귀하고, 더 넓고, 더 즐겁고, 더 풍부하고, 나은 것은 없습니다. 사랑은 하나님에게서 납니다. 결국, 사랑은 하나님 안에 머물러 있습니다. 사랑하는 사람은 높이 오르고 달리고 기뻐할 수 있습니다. 그는 자유롭고, 아무것도 그를 방해하지 않습니다. 그는 모든 사람을 위해 모든 것을 주고, 모든 것 속에서 모든 것을 소유합니다. 왜냐하면, 무엇보다도 그는 모든 선이 솟아나고 흘러나오는 가장 높은 선 안에 머물기 때문입니다. 그는 자신이 받는 선물들을 보지 않고, 모든 선물 자체보다 그 선물들을 주시는 분에게 자신을 드립니다.

사랑은 한계가 없습니다. 사랑은 모든 한계를 넘어섭니다. 사랑은 부담을 느끼지 않으며, 모든 고된 일을 떨쳐버리고, 자신의 힘 이상의 것을 목표로 삼고, 불가능을 인정하지 않습니다. 사랑은 모든 것을 성취할 수 있다고 믿기 때문에 실제로 모든 것을 성취합니다.

사랑은 깨어 있고, 잠을 자면서도 한쪽 눈을 뜨고 있습니다. 피곤해도 지치지 않습니다. 억압당해도 구속되지는 않습니다. 두려워도 겁먹지 않습니다. 마치 살아있는 불꽃이나 타오르는 횃불처럼 위로 올라가서 무사히 통과합니다. 사랑하는 사람이라면 누구나 이 목소리를 알아차릴 것입니다. "나의 하나님! 나의 사랑! 주님은 모두 저에게 속했고, 저는 모두 주님에게 속했습니다!" 이것은 하나님을 깊이 사랑하는 열렬한 영혼의 외침입니다.

사랑하는 것, 사랑에 녹는 것, 사랑 안에서 헤엄치는 것이 얼마나 달콤한지 맛볼 수 있도록 저의 사랑을 넓혀 주십시오. 무한한 열정과 경이로움을 통해 저 자신을 뛰어넘어 솟아오르는 사랑에 사로잡히게 하십시오. 사랑의 노래를 부르게 해주십시오. 제가 사랑하는 분이여, 제가 주님을 따라가게 하십시오. 사랑으로 고양되는 제 영혼이 주님을 찬양하는 가운데 정신을 잃게 하십시오. 저 자신보다 주님을 더 사랑하게 하시고, 오직 주님을 사랑하기 때문에 저 자신을 사랑하게 하십시오. 주님으로부터 빛나는 사랑의 법칙이 명령하는 대로, 제가 주님을 진심으로 사랑하는 다른 모든 사람 안에서 주님을 사랑하게 해주십시오.

사랑은 민첩하고, 정직하고, 경건하고, 즐거워하고, 기뻐합니다. 사랑은 강하고, 인내하고, 신실하고, 신중하고, 오래 참고, 용기가 있습니다. 사랑은 절대로 자기의 유익을 구하지 않습니다. 왜냐하면, 우리가 자신의 유익을 구할 때 사랑을 버리기 때문입니다. 사랑은 깨어 있고, 겸손하고, 정직합니다. 사랑은 허약하지 않고, 천박하지 않고, 헛된 것에 자신을 내어주지 않습니다. 사랑은 진지하고, 순결하고, 확고하고, 침착하며, 항상 기민합니다. 사랑은 복종하고, 순종합니다. 사랑은 그 자신이 평범하고 보잘것없어 보여도, 하나님께 경건하고 감사하며, 하나님을 맛볼 수 없을 때도 항상 하나님을 신뢰하고 바라고 있습니다. 이는 고통 없이 사랑을 알 수 없기 때문입니다.

모든 일을 겪을 준비가 되어 있지 않고 사랑하는 이가 원하는 모든 것을 할 준비가 되어 있지 않은 자는 사랑하는 사람이라고 불릴 자격이 없습니다. 사랑하는 사람은 사랑하는 이를 위해서 모든 어려움과 괴로움을 기꺼이 감수해야 하며, 일이 잘못되더라도 사랑하는 이를 외면해서는 안 됩니다.

Chapter_06
사랑하는 자의 참 증거

예수 :

사랑하는 친구여, 너는 아직 용기 있고 지혜 있는 사랑하는 사람이 아니다.

제자 :

주님, 왜 그런가요?

예수 :

너는 조금이라도 어려움을 겪으면 네가 하던 일을

중단하고 우연히 가까이에 있는 사람에게서 위로의 말을 들으려고 초조하게 주위를 둘러보기 때문이다. 용기 있는 사랑하는 사람은 시험 속에서도 확고한 태도를 유지하며 원수의 교활한 속삭임에 굴복하지 않는다. 나는 상황이 좋을 때 너를 기쁘게 하듯, 상황이 나쁠 때도 너를 불쾌하게 하지 않을 것이다.

지혜 있는 사랑하는 사람은 사랑하시는 분의 선물보다는 그분의 사랑을 더 중요하게 생각한다. 그는 선물의 가치보다 주시는 분의 사랑에 더 많은 관심을 기울이고, 모든 건물보다 사랑하시는 분에게 더 가치를 둔다. 고귀한 사랑하는 사람은 선물에 만족하지 않고 모든 선물보다 나를 더 원한다. 그러므로 네가 때때로 나와 나의 성도들에 대해 네가 원하는 것보다 덜 사랑을 느낀다고 해서 모든 것을 상실한 것은 아니다. 네가 때때로 경험하는 그 좋고 감미로운 느낌은 은혜가 있다는 결과이며, 네 천국 집의 작은 표본이다. 그것에 너무 많이 의존하지 마라. 그것은 왔다가 사라진다.

마음에 떠오르는 모든 악한 생각에 맞서 싸우고 마귀의 충동을 비웃는 것은 큰 미덕과 공덕의 표시다.

그러므로 어떤 종류의 환상이든 이상한 환상으로 인해 괴로워하지 마라. 네 결심을 굳게 하고 하나님께 신실하라. 때때로 너는 갑자기 강렬한 영적인 느낌에 사로잡혀 하늘을 향해 솟아오르는 것처럼 보일 수도 있고, 그런 다음 곧바로 땅으로 떨어져 자신의 어리석은 생각으로 되돌아가는 것처럼 보일 수도 있다. 그러한 감정은 환상이 아니다. 네가 그것들을 느낄 때 즐기고 감사하되, 구하지는 말아라. 그러한 감정을 쫓는 것은 너를 지치게 할 수 있다. 오히려 영적인 평온을 유지하려고 노력해라. 결국 그것은 너에게 더 도움이 될 것이다.

옛 원수는 네 선한 행실을 가로막고, 네가 경건한 헌신을 하지 못하도록 가로막으려고 온갖 노력을 다하고 있음을 깨달아라. 즉, 원수는 네가 성도들을 공경하지 못하게 하고, 내 수난을 경건하게 기억하지 못하게 하고, 네 죄를 기억하지 못하게 하고, 네 마음을 감시하지 못하게 하고, 덕을 세우겠다는 확고한 결심을 하지 못하도록 노력하고 있음을 알아라. 원수는 네 귀에 악한 생각을 속삭이면서 너를 지치게 하고 겁을 주어 너를 기도와 성경 읽기에서 멀어지게 하려고 한다. 겸손한 고백은 마귀를 상하게 한다. 마귀는 할 수만 있으면 네가 성찬을 받는 것을 방해할 것이다. 원수가 종종 너를 올무에 빠뜨리려고 덫을 놓아도 그를 믿지 말고 그에게 주의를 기울이지도 마라. 원수가 너에게 추악하고 사악한 제안을 하면, 즉시 그것을 원수에게 되돌려 보내라! 그에게 이렇게 말해라.

"더러운 영아, 여기서 떠나가라. 비참한 놈아, 부끄러운 줄 알아라. 내 귀에 그런 말을 하는 너는 더러운 존재다! 나에게서 떨어져라, 이 역겨운 피조물아! 너는 나와 아무 관계도 없을 것이다. 그러나 예수님은 용감한 전사로서 나와 함께하실 것이며, 너는 당황하게 될 것이다! 나는 너에게 굴복하느니 차라리 죽을 것이며 어떤 고통도 견딜 것이다! 조용히 하고 가만히 있어라! 네가 계속해서 나를 괴롭혀도, 더는 네 말을 듣지 않을 것이다! 주님은 나의 빛이시며 나의 구원이시니 내가 누구를 두려워하겠느냐? 온 군대가 나를 대적하여 진을 치더라도 내 마음은 두려워하지 않을 것이다! 주님은 나를 돕는 분이시며, 나의 구원자이다!"

용감하게 싸우고, 때로 연약함으로 넘어져도 나의 더 큰 은혜를 확신하면서 이전보다 더 큰 힘으로 다시 일어서라. 또한, 자만과 교만을 경계해라. 이로 인해 많은 사람이 잘못된 길로 빠져들고 때로는 거의 불치의 실명 상태에 빠진다. 많은 사람이 교만과 자기 의존 때문에 멸망했다. 이것을 경고로 삼고 지속적인 겸손의 원천이 되도록 해라.

Chapter_07
겸손으로 은혜를 보호함

예수 :

나의 친구여, 이것은 너 자신에 대한 개인적인 헌신을 유지하는 데 더 유리하고 더 안전하다. 네가 스스로 하나님을 예배하는 방식은 큰 은혜다. 그것을 과시하거나 그것에 대해 말과 생각을 많이 하지 마라. 대신에 그것을 홀로 간직해라. 그것을 받을 자격이 없는 사람에게 주어진 것처럼 신중해라. 이러한 거룩한 느낌을 너무 꽉 붙잡지 마라. 왜냐하면 이러한 느낌은 반대 방향으로 빠르게 변할 수 있기 때문이다.

이러한 은혜를 누릴 때, 이것이 없으면 네가 얼마나 가련하고 무력한지 생각해 보아라. 영적인 삶의 발전은 네가 위로의 은혜를 경험할 때라기보다는 낮아지고 받아들이는 가운데 그 은혜가 사라지는 것을 인내할 때 이루어진다. 그럴 때 너는 기도를 게을리해서는 안 되며, 다른 의무를 게을리해서는 안 된다. 대신, 기쁜 마음으로 최선을 다하고 영혼이 메마르거나 마음이 불안하다고 해서 자신을 완전히 포기하지 마라.

그렇다. 일이 잘 풀리지 않으면 금방 참을성을 잃거나 게을러지는 사람들이 많다. 사람은 항상 자신의 길을 선택하는 것은 아니다. 하나님은 자신이 원할 때, 원하는 만큼, 원하는 사람에게 위로를 주신다.

경건한 삶을 사는 일부 경험이 부족한 사람들은 자신들이 할 수 있는 것 이상을 원했기 때문에 스스로 멸망에 이르렀다. 그들은 자신들이 실제로 얼마나 연약한지 고려하지 않았다. 그들은 이성 대신에 마음을 따랐다. 그리고 그들은 하나님을 기쁘시게 하는 것 이상을 행하려고 했기에 곧 하나님의 은혜를 잃었다. 그들은 천국에 자신들의 보금자리를 짓고자 했지만, 가난하고 비참해졌다. 그러다가 굴욕과 가난에 시달리던 그들은 마침내 자신들이 날고 싶으면 자신들의 날개가 아닌 내 날개에 의지해야 한다는 것을 깨달았다.

주님의 길을 처음 접하고 경험이 없는 사람들은 현명한 사람들이 조언하는 대로 자신을 계속 돌보지 않으면 쉽게 실망하고 깨어질 수 있다. 그러나 그들이 자만심을 버리지 못하고, 다른 사람들의 경험보다 자신의 감정을 따르기로 선택하면, 목표를 달성하는데 위험이 따를 것이다.

스스로 현명하다고 생각하는 사람들은 다른 사람들이 그들을 인도하도록 허용할 만큼 겸손하지 않다. 광대한 지식을 갖고 그것에 대해 우쭐대기보다는 어리석고 느리고 겸손한 것이 낫다. 많은 것이 너를 자만하게 만들 뿐이라면, 많이 갖는 것보다 조금 갖는 것이 낫다.

과거의 가난함과 작은 은혜를 잃을지 모른다는 두려움을 잊은 채 영적 기쁨을 당연하게 여기는 사람은 분별력이 부족하다. 또한, 역경의 때에 절망에 빠져 나에게 적절한 신뢰를 보여주지 못하는 생각과 감정을 품는 사람은 충분한 용기를 보여주지 못한다.

평화 시에 너무 안전해지기를 원하는 사람은 종종 전쟁 시에 우울해지고 두려워할 것이다. 네가 자신을 늘 겸손하고 작게 보일 줄 알고, 자신의 영혼을 길들이고 지도할 줄 안다면, 그렇게 쉽게 위험에 빠지거나 막히는 일이 없을 것이다. 좋은 조언 하나 하겠다. 영혼이 따뜻해지기 시작하면, 내 불의 빛이 사라진 미래가 어떨지 생각해라. 그리고 이런 일이 일어나면 내가 너와 내 영광을 위한 경고로 잠시 거두었던 빛이 다시 비칠 수 있다는 것을 기억해라.

이러한 시련은 항상 일이 네 뜻대로 이루어지는 것보다 너에게 더 도움이 될 수도 있다. 왜냐하면, 사람의 가치는 그 사람이 많은 환상이나 영적인 위로를 받는 것, 성경을 깊이 심도 있게 읽는 것, 높은 지위를 가지는 것에 따라 측정되지 않기 때문이다. 하나님은 진정한 겸손에 기초하고 사랑으로 가득 찬 사람, 항상 순수함과 정직함으로 하나님의 영광을 추구하는 사람, 자신에 대한 낮은 의견을 갖고 있는 사람, 진심으로 자신의 이기적인 본성을 싫어하며, 존경받는 대신 다른 사람들에게 무시당하고 경멸당하는 것도 마음에 두지 않는 사람을 높이 평가하신다.

Chapter_08
하나님 앞에서의 겸손

제자 :

 비록 제가 티끌과 재와 같을지라도 주님께 말씀드리겠습니다. 주님, 제가 저 자신을 본래의 자신보다 낫다고 생각한다면, 그렇지 않다는 것을 보여주십시오. 저의 죄는 거짓을 말합니다. 저는 그와 반대되는 것을 말할 수 없습니다. 하지만 제가 낮아지고, 저 자신을 아무것도 아닌 것처럼 생각하고, 모든 자만을 없애고, 실제로 그렇듯이 저 자신을 티끌로 여기면, 주님의 은혜가 저의 것이 될 것입니다. 그러면 주님의 빛이 제 마음에 가까워질 것이고, 아무리 작은 것이라도 모든 자만심은 저의 무(無)의 계곡에 잠겨 영원히 사라질 것입니다. 주님은 저의 무(無) 속에서 제가 무엇인지, 과거에 무엇이 있었는지, 그리고 무엇이 되었는지를 보여주십니다. 저는 아무것도 아니었고, 심지어 제가 아무것도 아니라는 것을 몰랐습니다.

저 혼자 남겨지면 저는 아무것도 아닙니다. 저는 전적으로 약합니다. 하지만 주님께서 저를 향해 얼굴을 돌리시면 저는 즉시 강하게 되고 새로운 행복으로 가득 차게 됩니다. 제 무게로 인해 항상 바닥으로 가라앉는 저를 그토록 빠르게 들어 올리시고 친절히 받아주신다는 것은 경이로운 일입니다. 이것은 주님의 사랑이 해주는 일입니다. 이 사랑은 저보다 먼저 가서 저를 도와줍니다. 또한, 심각한 위험으로부터 저를 보호합니다. 사실, 주님의 사랑은 제가 모두 셀 수 없는 많은 악으로부터 저를 보호합니다!

저는 저 자신을 찾음으로써 저 자신을 잃었습니다. 저는 주님만을 찾고 순수한 사랑으로 주님을 사랑함으로써 저 자신과 주님을 모두 찾았습니다. 그리고 이 사랑을 통해 저는 더 깊이 저의 무(無)로 돌아왔습니다. 오 감미로우신 주님, 주님은 제가 받아 마땅한 것보다, 제가 감히 바라거나 요청할 수 있는 모든 것을 넘어서 저를 잘 대해 주시기 때문입니다.

하나님, 찬양받으십시오. 주님이 저에게 주신 모든 좋은 것들에 저는 합당하지 못하지만, 주님의 탁월하심과 무한한 선하심은 그것을 끊임없이 줍니다. 심지어 감사하지 않고 주님에게 등을 돌린 사람들도 주님의 축복을 받습니다. 우리를 주님께로 돌아가게 하셔서 우리가 주님께 감사하고, 겸손하게 되고, 경건하게 될 수 있도록 하십시오. 주님은 우리의 구원과 용기와 힘이시기 때문입니다.

Chapter_09
모든 것은 하나님에게서 나오고 하나님께로 돌아감

예수 :

 내 친구여, 만일 네가 진정으로 축복받기를 원한다면, 나는 네가 추구하는 최고와 최후의 목적이어야 한다. 내가 네 최고와 최종적인 목적이면, 네 사랑은 순화되어 너 자신과 세상의 것들에 대해 다시 뒤틀리지 않을 것이다. 네가 무엇이든 자신을 추구하면 네 안의 사랑은 금방 약해지고 말라버릴 것이다. 그러므로 모든 것을 처음부터 나에게 맡겨라. 이는 네가 가진 모든 것이 나에게서 나왔기 때문이다. 이 모든 것이 가장 높은 선에서 흘러나오는 것으로 여겨라. 그러므로 모든 것은 그들의 근원인 나에게로 돌아와야 한다.

작은 사람이나 큰 사람, 부유한 사람이나 가난한 사람, 모든 사람이 샘물에서 생수를 얻듯이 나에게서 생수를 기른다. 자원하여 나를 값없이 섬기는 자는 은혜 위에 은혜를 받을 것이다. 그러나 나 이외의 다른 것에서 성취를 구하거나 자신이 만든 사적인 이익에서 행복을 구하는 사람은 참된 기쁨도 사랑이 넘치는 마음도 찾지 못할 것이다. 대신에 그는 산더미 같은 장애물과 불안에 직면하게 될 것이다. 그러므로 너는 네가 가지고 있는 어떤 좋은 자질에 대해서도 공로를 인정해서는 안 되며, 어떤 특별한 성격의 깊이를 다른 사람에게 돌리지도 말아야 한다. 그 대신 모든 것에 대해 하나님께 영광을 돌려라. 그분 없이는 아무것도 없기 때문이다.

나는 너에게 모든 것을 주었고, 그 모든 것이 나에게 다시 돌아오기를 바란다. 그리고 나는 내가 너에게 준 선물에 대해 네가 나에게 감사하기를 원한다. 이것이 교만을 사라지게 하는 진리이다. 하늘로부터 임하는 은혜와 참된 사랑이 네 일부가 된다면, 더는 시기나 원한이나 자기애가 없을 것이다. 왜냐하면, 신성한 사랑은 모든 것을 정복하고 네 영혼에 힘을 주어 온 세상을 포용하기 때문이다.

네가 참으로 지혜로우면 나에게서만 기쁨을 얻고 나에게서만 소망을 찾을 것이다. 이는 하나님 외에는 선한 이가 없기 때문이다. 네가 하는 모든 일에 그분을 찬양하고 높여라.

Chapter_10
하나님을 섬기는 것이 얼마나 좋은지

제자 :

주님, 이제 제가 다시 말하겠습니다. 저는 잠잠하지 아니하겠습니다. 제가 높은 곳에 계신 저의 하나님, 저의 주, 저의 왕께 아뢰겠습니다. "주님, 주님을 사랑하는 사람들을 위하여 예비하신 은혜가 어찌 그리 큰지요." 주님을 사랑하는 사람들에게 주님은 어떤 분입니까? 온 마음을 다해 주님을 섬기는 사람들에게 주님은 어떤 분입니까? 주님을 생각하는 것은 말로 표현할 수 없이 달콤합니다. 오, 주님은 주님을 사랑하는 사람들에게 아낌없이 베푸시는 분입니다!

주님은 이런 방법으로 저에게 주님 사랑의 감미로움을 보여주셨습니다. 주님은 제가 존재하지 않을 때 저를 만드셨습니다. 제가 주님에게서 멀어졌을 때 저를 다시 데려와 주님을 섬기게 하시고 주님을 사랑하는 법을 가르쳐주셨습니다. 오 영원한 사랑의 근원이시여, 제가 주님에 대해 무슨 말씀을 드릴 수 있겠습니까? 제가 쇠약해지고 길을 잃었을 때도 저를 기억해 주신 주님을 제가 어떻게 잊을 수 있겠습니까? 주님은 주님의 종에게 바랄 수 없는 자비를 베푸셨습니다. 그리고 합당하지 않은 은혜와 우정을 허락하셨습니다.

그 은혜에 대한 보답으로 제가 무엇을 주님에게 드릴 수 있겠습니까? 이는 모든 것을 포기하고 세상을 제쳐두고 수도생활을 하는 것이 모든 사람에게 주어진 것은 아니기 때문입니다. 모든 창조물이 주님을 섬기도록 정해졌는데, 제가 주님을 섬기는 것이 대단한 일이겠습니까? 제가 주님을 섬기는 것이 그렇게 특별하지는 않은 것 같습니다. 그러나 더욱 놀라운 것은 주님 자신이 몸을 굽혀 우리를 섬기시며 자신을 우리에게 주겠다고 약속하셨다는 사실입니다!

이 셀 수 없이 많은 축복을 주셨는데 제가 주님에게 무엇을 드려야 하겠습니까? 제가 평생 주님을 섬길 수 있기를 소망합니다! 단 하루라도 합당하게 주님을 섬길 수만 있다면 좋겠습니다! 진실로 주님은 모든 섬김과 모든 영예와 영원한 찬양을 받기에 합당한 분이십니다. 주님은 저의 주님이시며 저는 주님의 불쌍한 종입니다. 저는 끊임없이 주님을 찬양하고 힘을 다해 섬길 의무가 있습니다. 이것이 제가 원하는 것이며, 바라는 것입니다. 혹 제게 부족한 것이 있으면 무엇이든 채워주십시오.

제가 주님을 섬기는 것과 및 주님과 비교해서 다른 모든 것을 중요하지 않게 여기는 것은 큰 영예이고 큰 영광입니다. 주님의 가장 거룩한 섬김에 기꺼이 자신을 복종시키는 사람들은 큰 은혜를 받을 것입니다. 주님을 사랑하므로 세상의 모든 야망을 버린 사람들은 성령님의 감미로운 위로를 경험할 것입니다. 주님의 이름을 위해 좁은 길로 들어와 오직 주님께로 여행하기를 원하는 그들은 마음의 큰 자유를 얻을 것입니다.

오, 하나님을 기쁘고 즐겁게 섬기는 것은 우리를 참으로 자유롭고 거룩하게 만듭니다! 오, 경건한 섬김은 우리를 천사와 동등하게 하고, 하나님을 기쁘시게 하고, 마귀에게는 무섭게 하고, 모든 신자에게는 칭찬받게 만듭니다! 오, 섬김은 최고의 선을 얻고 영원히 지속되는 기쁨을 얻게 합니다!

Chapter_11
감정은 항상 보이는 것과 다를 수 있다

예수 :

사랑하는 친구여, 너는 아직 완전히 이해하지 못한 채 배워야 할 것들이 많이 있다.

제자 :

주님, 그것들이 무엇입니까?

예수 :

너는 내 뜻대로 행하고, 너 자신을 사랑하지 말고,

내가 네게 요구하는 것을 열심히 행해야 한다. 열정은 종종 너를 행동하도록 하지만, 네가 하는 일이 나를 위한 것인지, 아니면 너 자신을 위한 것인지 알아보는 시간을 가져라. 네가 행동하는 이유가 나 때문이라면, 내가 너를 위해 무엇을 결정하든 너는 매우 만족할 것이다. 하지만 네 동기가 이기적이면, 그것이 네게 방해가 되어 네 양심에 짐이 될 것이다. 그러니 나에게 상의하지 않고 네가 원하는 것에 너무 크게 기대지 않도록 주의해라. 처음에는 옳은 일처럼 보이는 일이 결국에는 너를 속상하게 하고 후회하도록 할 수 있다. 모든 좋은 느낌을 너무 성급하게 따르거나 모든 나쁜 느낌을 너무 열성적으로 피하지 마라.

네가 좋은 일을 하고 있을 때도 종종 자신을 억제하는 것이 현명하다. 모든 것을 포괄하는 열정은 네 에너지를 약화하고, 다른 사람들에게 불쾌감을 줄 수 있으며, 다른 사람들이 네 관심을 공유하지 않을 때 낙담하게 만들 수 있다. 때때로 너는 네 열정을 저항하기 위해 극단적인 조치를 취해야 한다. 그렇게 하지 않으면, 네가 두 방향으로 찢어질 것이기 때문이다. 그러나 어떤 경우에도 나와 대화하고 네 양심의 소리를 따라라. 그것은 너를 잘못된 길로 인도하지 않을 것이다. 적은 것에 만족해라. 단순한 것에 만족해라. 그리고 상황이 예상했던 것과 다른 방향으로 흘러가는 것처럼 보이더라도 불평하지 마라.

Chapter_12
인내

제자 :

주 하나님, 제가 보기에 이생에서 우리에게 많은 어려움이 닥치기 때문에 인내가 매우 필요합니다. 평화롭게 살기 위해 무엇을 하든 제 삶에는 투쟁과 슬픔이 없을 수 없습니다.

예수 :

사랑하는 친구여, 그렇구나. 그러나 나는 네가 쉬운 평화를 구하는 것을 원하지 않는다. 대신에 네가 환난과 고난으로 시험을 받았을 때 참된 평안을 찾았다고 생각해라. 그런 고통을 견딜 수 없다고 말하면 지옥의 불꽃을 어떻게 견디겠느냐? 너는 장래에 영원한 형벌을 피하려거든 현재의 고난을 견디기 위해 최선을 다해라. 항상 이 두 가지 고난 중 더 작은 것을 선택해라.

너는 세상 사람들이 고통을 전혀 겪지 않거나 조금만 겪을 뿐이라고 생각하느냐? 가장 부유하고 방종한 사람들 사이에서 찾아본다 해도 너는 그런 것을 발견하지 못할 것이다. 그러나 너는 그들이 많은 사치를 누리고 있고 그들이 원하는 일을 하기에 그들의 문제를 가볍게 여긴다고 말할 것이다. 물론 그들이 원하는 것은 무엇이든 가질 수 있지만, 너는 그것이 얼마나 지속할 것으로 생각하느냐? 보라, 이 세상의 부자들은 연기처럼 사라질 것이다. 결국 아무도 그들을 기억하지 못할 것이다. 지금도 그들은 괴로움과 피로와 두려움 없이는 부를 누리지 못한다. 그들에게 기쁨을 주는 것들은 그들에게 고통과 슬픔도 가져온다. 이것은 당연하다. 그들은 일시적인 즐거움을 위해 살기 때문에 지속적인 성취감을 누릴 수 없다. 혼란과 비통이 그들이 하는 모든 일에 영향을 미친다.

아, 그러한 삶의 방식은 얼마나 짧고, 거짓되고, 지나치고, 추악한가! 사람들은 자신들이 얼마나 술에 취해 눈이 멀었는지 모른다! 그들은 말하지 못하는 짐승처럼 이생의 사소한 즐거움을 위해 영적 죽음으로 돌진한다. 사랑하는 친구여, 그런 것을 쫓지 마라. 자기 중심적인 욕망을 버리고 나에게서 기쁨을 찾아라. 그러면 네 마음이 진정으로 원하는 것을 내가 네게 줄 것이다. 사실, 네가 진정한 기쁨과 위로를 알고 싶으면, 너와 나 사이에 있는 모든 것에서 빠져나와라. 나를 네 삶의 중심에 자주 둘수록 너는 큰 위로와 달콤함을 더 자주 느낄 것이다.

그러나 처음에는 슬픔과 갈등을 느낄 것이다. 뿌리 깊은 습관은 저항하지만, 더 나은 습관에 의해 압도당할 것이다. 너는 투덜대겠지만, 영적 따뜻함이 너를 덮칠 것이다. 옛 뱀이 너를 시험하고 꾀겠으나 기도로 인하여 쫓겨날 것이다. 만약 네가 그 동안에 어떤 유익한 일을 하면, 그의 주된 접근을 막을 것이다.

Chapter_13
순종과 겸손

예수 :

사랑하는 친구여, 수도원 서원을 하고서 순종하기를 꺼리는 사람은 하나님의 은총도 멀리한다. 마찬가지로, 수도 생활을 하는 사람이 자신에게 가장 좋은 것만 추구하면, 그는 공동체의 유익을 희생하면서 그렇게 하는 것이다. 그러한 사람이 자신의 수도원장에게 자신을 자유롭고 기꺼이 순종하지 않으면, 이것은 그가 자신의 소명에서 그다지 크게 성장하지 못했다는 징표이다. 그러므로 영적으로 성장하고 싶으면 수도원장에게 즉시 순종하는 법을 배워라. 네 마음이 혼란에 빠지지 않을 때 옛 원수를 더 빨리 이길 수 있다.

네가 너 자신과 완벽한 조화를 이루지 못할 때, 너는 너 자신에게 최악의 적이다. 네 약점을 극복하고 싶으면 자기중심주의의 흔적을 모두 없애야 한다. 네 순종을 가로막는 것은 네 완고한 자기 의지이다. 전능하고 지극히 높은 자로서 무에서 만물을 창조한 내가 너를 위해 다른 사람들에게 순종했는데, 분토이자 아무것도 아닌 네가 하나님을 위하여 다른 사람에게 순종하는 것이 어찌 그리 놀라운 일이냐? 나는 내 겸손을 통해 네가 네 교만을 이기도록 하려고 가장 겸손하고 낮은 자가 되었다.

분토여, 그러니 순종하는 법을 배워라. 흙과 진흙인 너는 자신을 낮춰라, 자신을 생각하기 전에 다른 사람들을 생각하는 법을 배워라. 네가 원하든 원하지 않든 순종하며 사는 법을 배워라. 자기중심적인 성향을 억누르고, 부풀어 오른 자존심을 버려라. 자신을 다른 사람보다 우월하다고 생각하지 말고 모든 사람을 섬겨라.

그리고 불평하지 마라. 어쨌든 너는 너무나 자주 하나님을 불쾌하게 했기에 의심할 바 없이 계속해서 지옥에 떨어져야 마땅하다! 그러나 나는 네 영혼을 소중하게 여겨 너를 살려 두었다. 나는 네가 나의 사랑을 이해하고 내가 너에게 주는 선물에 대해 항상 감사하도록 그렇게 한 것이다. 내가 이렇게 한 것은 네가 다른 사람들이 너를 어떻게 생각하는지 걱정하지 않고 진정한 겸손 안에서 성장하기를 바라기 때문이다.

Chapter_14
하나님의 눈으로 우리 자신을 보기

제자 :

주님, 주님은 저에게 엄중한 심판을 내리셨고, 제 모든 뼈는 두려움과 떨림으로 진동하고 제 영혼이 심히 두려워합니다. 저는 깜짝 놀랐고, 주님의 시야에는 하늘조차 깨끗하지 않다는 것을 깨달았습니다. 만일 주님이 천사들의 부패함을 발견하시고 그들을 아끼지 아니하셨다면, 저는 어떻게 되겠습니까? 하늘의 별들이 떨어졌는데, 먼지에 불과한 저에게 무슨 일이 일어날 것으로 제가 생각할 수 있겠습니까? 칭찬받을 만한 자들이 깊은 곳으로 떨어졌으며, 천사의 떡을 먹은 자들이 돼지 먹이를 즐기는 것을 제가 봅니다.

주님, 주님의 손을 거두시면 거룩함이 없고, 다스리기를 그치시면 지혜가 없고, 구원하기를 그치시면 용기가 없고, 정결을 지키시지 않으면 정결이 없고, 주님의 거룩한 경계가 없으면 경성도 없습니다. 주님이 우리를 버리시면 우리가 가라앉고 망할 것이나, 우리를 찾아오시면 우리가 일어나서 살게 될 것입니다. 우리는 떨고 있지만, 주님으로 인해 강건해졌습니다. 우리는 미지근하지만, 주님으로 인해 불타오르고 있습니다.

저는 저 자신이 얼마나 낮고 천한 존재인지 느껴야 하며, 비록 제가 선한 것처럼 보일지라도 그것에 대해 아무 것도 생각하지 말아야 합니다. 주님, 주님의 측량할 수 없는 심판에 저 자신을 얼마나 깊이 복종시켜야 합니까? 그 심판에서 저는 저 자신이 아무것도 아닌 존재임을 알게 되었습니다. 오, 측량할 수 없는 무게! 오 건너갈 수 없는 바다! 저는 제 내면을 깊이 들여다보며 완전한 무(無) 외에는 아무것도 발견하지 못합니다.

그러면 교만은 어디에 숨을 수 있습니까? 미덕에서 나오는 자신감은 어디에 있습니까? 저를 향한 주님의 깊은 심판 속에 모든 헛된 자랑이 삼켜졌습니다. 주님이 보기에 저는 어떤 존재이며, 우리는 어떤 존재입니까? 진흙이 어찌 자신을 지으신 이를 향하여 자랑하겠습니까? 진실로 하나님과 마음이 합한 사람이 어찌 교만하겠습니까?

모든 소망이 하나님께 고정되어 있고, 평생을 그분만을 위해 살면, 이 세상의 어떤 것도 그 사람을 교만하게 하거나 허영심을 품게 할 없습니다. 부드러운 혀로 헛된 칭찬을 말하는 사람들은 아무것도 아닙니다. 이는 그들이 자신의 소리와 함께 사라질 것이기 때문입니다. 그러나 오직 여호와의 진리는 영원히 있을 것입니다.

Chapter_15
우리의 갈망하는 모든 것에 대해
우리가 해야 할 것과 말해야 할 것

예수 :

내 친구여, 모든 것에 대해 이렇게 말해라. "주님, 주님이 이 일을 기뻐하신다면 이 일이 이루어지게 하십시오. 주님, 이 일이 주님께 영광이 된다면 주님의 이름으로 이루어지게 하십시오. 주님, 이것이 저에게 도움과 유익이 될 것으로 판단하시면, 이것을 주님의 영광을 위해 사용하도록 저에게 허락해 주십시오. 그러나 이것이 저에게 해롭고 제 영혼을 구원하는 데 아무런 도움이 되지 않는다는 것을 아신다면, 이 갈망을 저에게서 거두어 주십시오."

비록 당시에는 그것이 사람의 눈에 옳고 좋게 보일지라도 모든 소망이 성령에게서 오는 것은 아니다. 네가 이것저것을 원하도록 촉구하는 것이 무엇인지 말하기는 어렵다. 처음에는 선한 영감에 이끌려 인도된 것처럼 보였던 많은 사람이 결국에는 속게 된다. 그러므로 무엇이든지 마음에 원하는 대로 구하되 항상 하나님을 경외하는 마음과 겸손한 마음으로 구하라. 무엇보다도 모든 것을 나에게 맡기고 이렇게 말해라. "주여, 주님은 가장 좋은 것이 무엇인지 아십니다. 모든 것이 주님이 원하시는 대로 이루어지게 하십시오. 주님이 원하시는 것을, 주님이 원하시는 만큼, 주님이 원하시는 때에 제공하십시오. 주님이 가장 좋다고 생각하시는 대로, 주님이 가장 기뻐하시는 대로, 그리고 주님에게 더 큰 영광을 줄 수 있는 방식으로 저와 함께 하십시오. 주님이 저를 원하시는 곳에 두시고 자유롭게 저를 사용하십시오. 저는 주님의 손 안에 있습니다. 주님이 원하시는 길로 저를 인도해주십시오. 보십시오! 저는 무엇이든 할 준비가 되어 있는 주님의 종입니다. 그러므로 저는 저 자신을 위해서가 아니라 주님을 위해서 살고 싶습니다. 제가 주님만을 위해 적절하고 완벽하게 살 수 있었으면 좋겠습니다!"

제자 : 하나님의 뜻이 이루어지게 하는 기도

지극히 자비로우신 예수님, 주님의 은혜가 저와 함께하고, 저와 함께 일하며, 끝까지 저와 함께 머물도록 해주십시오. 제가 항상 주님을 가장 기뻐하시는 것을 바라고 원하도록 하십시오. 주님의 뜻이 제 뜻이 되게 하시고, 제 뜻도 항상 주님의 뜻을 따르며 그 뜻과 완전히 일치하게 하십시오. 항상 주님이 원하시는 것을 제가 원하게 하시고, 주님이 원하시지 않는 것은 제가 원하지 않게 하십시오.

세상의 어떤 것도 주님만큼 저에게 중요하지 않도록 하십시오. 주님을 위해 제가 깊은 겸손과 사랑으로 섬기고 인정이나 명예에 거의 관심을 두지 않도록 허락해 주십시오. 무엇보다도 제가 주님 안에서 안식할 수 있도록, 그리고 제 마음이 주님 안에서 평화를 찾을 수 있도록 허락해 주십시오. 주님은 마음의 참된 평화입니다. 주님은 유일한 안식입니다. 주님 밖에서는 모든 것이 힘들고 불안합니다. 지고하고 영원한 선이며 평화이신 주님 안에서만 저는 잠을 자고 안식합니다. 아멘.

Chapter_16
오직 하나님 안에서 참된 위로를 구해야 함

제자 :

제가 원하거나 상상할 수 있는 어떤 위로도 저는 여기가 아니라 내세에서 찾습니다. 왜냐하면, 세상의 모든 위로를 저 혼자 갖고 그 모든 즐거움을 누릴 수 있다면 그것은 확실히 오래 가지 못할 것이기 때문입니다.

그러므로 내 영혼아, 가난한 이들의 위로자이시며 겸손한 이들의 보호자이신 하나님 안이 아니고는 네가 완전한 위로를 받을 수 없고 완전한 위로를 받을 수 없다.

내 영혼아, 조금만 기다려라. 하나님의 약속을 기다려라. 그러면 하늘에서 모든 좋은 것을 넉넉히 누리게 될 것이다. 현세에 대한 욕구가 지나치면 하늘에 속한 영원한 것들을 잃을 수 있다. 세상의 것을 사용하되 영원한 것을 갈망해라. 너는 물질적 소유로 완전히 만족할 수 없다. 왜냐하면, 너는 그것을 즐기도록 만들어지지 않았기 때문이다. 세상의 모든 좋은 것을 다 소유해도 행복하거나 복되지 않을 것이다. 이는 네 복과 기쁨은 그 모든 것을 창조하신 하나님께 있기 때문이다. 네 행복은 다른 사람들이 보고 존경하는 것에 있는 것이 아니라 그리스도의 선하고 신실한 추종자들이 추구하는 것에 있다. 네 행복은 신령하고 마음이 청결한 사람들, 곧 하늘의 시민권을 가진 사람들이 때때로 이생에서 경험하는 것이다. 비록 그것이 다음 생애를 위한 것이지만 말이다.

인간의 모든 위로는 공허하고 짧습니다. 진리로부터

내적으로 얻는 위로는 복되고 참됩니다. 독실한 사람은 자신의 위로자이신 예수님을 어디든지 모시고 다니면서 이렇게 말합니다. "주 예수님, 언제 어디서나 저와 함께하십시오. 이것이 저의 위로가 되게 하십시오. 인간적인 위로가 모두 결핍되고, 심지어 주님의 위안이 거두어져도, 주님의 뜻과 주님이 제게 보내시는 공정한 시련이 저의 가장 큰 위로가 되게 하십시오. 그리고 영원히 진노하지 마십시오."

Chapter_17
우리의 모든 염려를 하나님께 맡겨야 함

예수 :

사랑하는 친구여, 나는 내가 원하는 대로 너에게 행할 것이다. 나는 네게 가장 좋은 것이 무엇인지 알고 있다. 너는 인간의 관점에서 생각한다. 많은 경우에 너는 자신의 감정이 결정에 영향을 미치게 한다.

제자 :

주님, 주님의 말씀은 진리입니다. 저에 대한 주님의 관심은 제가 저 자신에 대해 가질 수 있는 어떤 관심보다 더 큽니다. 자신의 모든 관심을 주님에게 맡기지 않는 사람은 우연한 일에 노출되어 있습니다. 주님, 주님을 향한 제 뜻이 확고하고 강하다면, 주님이 기뻐하시는 대로 저에게 행해 주십시오. 제가 어둠 속에 있기를 원하시면 찬양을 받으시고, 제가 빛 가운데 있기를 원하셔도 여전히 찬양을 받으시기를 바랍니다. 주님이 저를 위로하기를 원하시면 찬양을 받으시고, 제가 괴로움을 당하기를 원하셔도 여전히 찬양을 받으시기를 바랍니다.

예수 :

사랑하는 친구여, 네가 나와 동행하고 싶다면 이렇게 되어야 한다. 너는 기뻐할 준비가 된 만큼 고난도 받을 준비가 되어 있어야 한다. 너는 부유하고 풍족할 준비가 된 만큼 기꺼이 궁핍하고 가난하게 되어야 한다.

제자 :

주님, 주님이 저에게 허용하기로 결정하신 것은 무

엇이든 주님을 위해 기꺼이 감당하겠습니다. 저는 같은 마음으로 주님의 손에서 좋은 것과 나쁜 것, 달콤한 것과 쓴 것, 기쁨과 슬픔을 받기를 원하며, 저에게 일어나는 모든 일에 대해 주님께 감사드리고 싶습니다. 모든 죄에서 저를 지키십시오. 그리하면 죽음도 지옥도 두려워하지 않을 것입니다. 주님이 저를 영원히 버리지 않으시고 생명책에서 지워버리지 않으시면, 어떤 시련이 닥쳐도 저에게 해를 끼치지 못할 것입니다.

Chapter_18
그리스도의 모범을 따라 고난을 인내해야 함

예수 :

사랑하는 친구여, 나는 너를 구원하기 위해 하늘에서 내려왔다. 나는 네 문제를 내가 짊어져야 해서가 아니라 사랑에 끌려서 스스로 짊어졌다. 나는 네가 인내를 배우고 삶의 불행을 불평 없이 참을 수 있도록 그렇게 했다. 내가 태어난 순간부터 십자가에 달려 죽을 때까지 나는 결코 슬픔이 없었다. 애석하게도, 나에게는 이 세상의 물질적인 것이 부족했다. 나는 종종 나에 대한 많은 불평을 들었다. 나는 불안과 수치심을 온순하게 견뎌냈다. 나는 친절을 베풀었지만, 배은망덕을 당했다. 기적을 행했지만, 모독을 당했다. 가르쳤지만, 책망을 받았다.

제자 :

주님, 주님이 살아 계신 동안 하나님 아버지의 명령을 온전히 이행하는 일에 있어서 오래 참으셨기에 불쌍한 죄인인 제가 주님 뜻대로 참고 견디는 것은 마땅합니다. 주님이 기뻐하시는 한, 저는 제 구원을 위해 이 삶의 짐을 질 것입니다. 이 삶이 비록 무겁게 느껴지지만, 이미 주님의 은혜로 인해 깊은 가치가 있게 되었기 때문입니다. 주님의 모범과 성도들의 발자취로 인해 삶은 더욱 견딜 수 있고 이해할 수 있게 되었습니다. 또한, 옛 율법 아래서 천국 문이 닫혀 있고 천국으로 가는 길이 숨겨져 있는 것처럼 보였고 천국을 구하는 사람이 거의 없었을 때보다 훨씬 더 위로가 되었습니다. 어쨌든 그 당시 구원받을 자들은 주님의 고난과 거룩한 죽음이 있기 전에는 천국에 들어갈 수 없었습니다.

오, 저는 저와 모든 충실한 사람들에게 주님의 영원한 왕국으로 가는 곧고 선한 길을 보여주시기 위해 친절하게 몸을 굽히신 주님께 얼마나 감사한지 모릅니다! 주님의 생명이 우리의 길이므로 우리는 거룩한 인내로 우리의 면류관이신 주님께로 나아갑니다. 주님이 우리보다 먼저 가셔서 우리에게 길을 가르쳐주시지 않았다면, 누가 그 길을 따르는 수고를 견디겠습니까? 아! 주님의 훌륭한 모범을 보지 않았다면, 많은 사람이 멀리 뒤처져 있었을 것입니다. 우리를 보십시오! 많은 사람이 주님의 놀라운 일과 가르침을 듣고도 여전히 무관심합니다. 우리가 따라야 할 이러한 빛이 없다면, 우리에게 어떤 일이 일어나겠습니까?

Chapter_19
상처를 견딤과 참된 인내의 증거

예수 :

내 친구여, 지금 무슨 말을 하는 것이냐? 불평을 멈추고 나의 수난과 다른 성도들의 고통을 생각해라. 너는 아직 싸움에서 피를 흘리지 않았다. 그토록 많은 고난과 강한 유혹과 심한 시련과 여러 가지 면에서 괴롭힘을 당했던 사람들에 비하면 네 고난은 작은 것이다. 그러므로 너는 네 작은 시련을 더 쉽게 견딜 수 있도록 다른 사람들의 더 큰 시련을 염두에 두어야 한다. 그리고 그것이 네게 사소해 보이지 않는다면, 이것이 너의 조바심 때문이 아닌지 조심해야 한다. 그러나 그것이 작든 크든 인내심을 갖고 견디도록 노력해라.

 네가 고통에 대비할수록 더 현명하게 행동하고 더 많은 덕을 얻게 될 것이다. 또한, 네 마음이 그것에 대해 준비되어 있고 익숙해지면 더 쉽게 찾을 수 있을 것이다. 너는 "저는 그런 사람이 하는 일을 참을 수 없고 참을 필요도 없습니다. 그는 저에게 심각한 상처를 입혔고 제가 꿈도 꾸지 못했던 일에 대해 저를 비난했습니다. 그래도 저는 다른 사람으로부터 합당한 비난을 기꺼이 감수할 것입니다."라고 말하지 마라. 이러한 생각은 어리석은 것이다. 왜냐하면 이러한 생각은 인내의 미덕이나 인내의 보상을 받을 사람을 고려하지 않기 때문이다. 대신, 이러한 생각은 사람들과 그들이 가하는 상처에 집중하고 있다.

 진정으로 인내하는 사람은 자신이 선택한 만큼만, 자신이 원하는 만큼만 고난을 받으려는 사람이 아니다. 참으로 오래 참는 사람은 자기가 누구에게 시련을 받든지 신경 쓰지 않는다. 상관이든 동등한 사람이든 열등한 사람이든, 선하고 거룩한 사람이든, 패역하고 무가치한 사람이든, 그는 개의치 않는다. 그에게 나쁜 일이 아무리 많이 자주 일어나도, 이 세상의 어떤 피조물이 그 원인이든, 그는 그 모든 것을 감사하는 마음으로 하나님의 손에서 받아들이고 그것을 큰 유익으로 여긴다. 왜냐하면, 하나님을 위해 겪는 고난은 아무리 작아도 반드시 보상을 받게 되기 때문이다.

그러므로 승리를 원한다면 싸울 준비를 해라. 투쟁 없이는 인내의 면류관을 얻을 수 없다. 고난을 받지 않으려는 것은 면류관 받기를 거절하는 것이다. 면류관을 얻으려면 용감히 싸우고 참고 견뎌라. 수고가 없으면 안식도 없다. 투쟁 없이는 승리도 없다.

제자 :

주님, 제 본성이 불가능하게 만드는 것을 주님의 은혜가 가능하도록 해주시기를 바랍니다. 주님은 제가 얼마나 고통을 견딜 수 없는지, 그리고 아주 작은 역경이 고개를 들 때 얼마나 빨리 무너지는지 아십니다. 주님의 이름을 위하여 모든 시련을 인내하는 것이 저에게 사랑스럽고 바람직한 것이 되게 하십시오. 이는 주님을 위한 고난과 고통은 제 영혼에 가장 유익한 것이기 때문입니다.

Chapter_20
자신의 약점 인정하기

제자 :

주님, 저는 주님께 저의 죄를 인정합니다. 저는 주님께 저의 약함을 고백합니다. 저를 괴롭히고 우울하게 만드는 것은 종종 사소한 일입니다. 저는 용감하게 행동하기로 결심했지만, 작은 유혹이 다가오면 큰 불안에 빠졌습니다. 때로는 사소한 일에서 심각한 유혹이 올 수도 있습니다. 그리고 제가 꽤 안전하다고 생각했을 때, 어느새 저는 산들바람에 거의 넘어질 뻔했습니다. 주님, 그러므로 주님께서 지적하시는 저의 비천함과 연약함을 보시고, 불쌍히 여기시고, 수렁에서 건져 내시고, 완전히 가라앉지 않게 하십시오.

이것이 바로 제가 재삼 충격을 받고 주님 앞에서 당혹스러워하는 것입니다. 저는 제 정욕을 저항하는 데 있어서 너무나 불안정하고 약합니다. 비록 제가 완전히 굴복하지는 않더라도, 그것들이 저를 쫓아다니는 것은 저에게 괴로움이고 고통입니다. 매일의 다툼 속에서 인생을 살아가는 것은 지치는 일입니다. 끔찍한 망상들이 사라지기보다는 언제나 더 쉽게 제 마음속에 터져 나오는 것은 저의 약점입니다.

이스라엘의 가장 전능하신 하나님이여, 신실한 영혼들을 열심으로 사랑하시는 주님이여, 주님 종의 수고와 슬픔을 굽어보시고 그가 노력하는 모든 일에서 그를 도우십시오. 저의 어두운 면이 우위를 점하고 통제하지 않도록 천상의 능력으로 저를 강화해주십시오.

아아! 시련과 불행이 가득하고, 모든 것이 함정과 원수들로 가득 찬 이 삶은 어떤 삶입니까? 하나의 시련이나 유혹이 지나가면 또 다른 시련이나 유혹이 찾아오고, 하나의 갈등이 계속되는 동안에도 다른 사람들이 엉뚱한 곳에서 몰려듭니다.

그토록 많은 괴로움으로 가득 차 있고 그토록 많은 재난과 비참함을 겪는 삶이 어떻게 사랑스러운 것이 되겠습니까? 삶이 그렇게 많은 죽음과 재앙을 낳는다면 어떻게 삶이라고 불릴 수 있겠습니까?

그러나 삶은 사랑스러운 것이고 많은 사람이 필사적으로 그것에 매달립니다. 어떤 사람들은 세상의 가치관이 기만적이고 공허하다고 말하지만, 그들은 그것을 기꺼이 포기하지 않습니다. 왜냐하면, 그들의 삶은 완전히 세상의 가치관에 지배되기 때문입니다. 하지만 어떤 것들은 우리에게 세상의 가치관을 사랑하라고 권하는 반면, 어떤 것들은 우리에게 그렇게 하지 말라고 권합니다. 돈과 권력과 섹스에 대한 추구는 세상이 우리가 원해야 한다고 말하는 것을 받아들이도록 하지만, 그것을 얻는 것에 수반되는 공허함은 종종 그것들에 대한 깊은 혐오감을 갖게 합니다.

하지만 안타깝게도 그러한 가치관은 중독성이 매우 강하며, 대개 그러한 가치관은 사람을 완전히 사로잡아 가시밭에 갇히는 것을 기쁨으로 여기도록 합니다.

이런 불행한 사람은 하나님의 달콤함을 보거나 맛보지 못하고, 하나님의 뜻대로 사는 내면의 아름다움도 알지 못합니다. 그러나 하나님을 위해 살려고 애쓰는 사람들은 세상이 얼마나 잘못되고 기만당하고 있는지, 그리고 얼마나 많은 방법으로 자신을 속이고 있는지를 너무나 분명하게 알고 있습니다.

Chapter_21
우리는 무엇보다도
하나님 안에서 안식해야 함

제자 :

오 내 영혼아, 무엇보다도, 모든 것 가운데 항상 주님 안에 안식해라. 왜냐하면, 그분은 성도들의 영원한 안식처이시기 때문이다.

가장 사랑스럽고 사랑이 많으신 예수님이여, 모든 피조물보다, 모든 건강과 아름다움보다, 모든 영광과 영예보다, 모든 능력과 위엄보다, 모든 지식과 정확한 사고보다, 모든 부요와 재능보다, 모든 기쁨과 환희보다, 모든 명성과 찬사보다, 모든 달콤함과 위로보다,

모든 희망과 약속보다, 모든 미덕과 갈망보다, 주님이 저에게 주시고 쏟아부으시는 모든 선물과 호의보다, 마음이 이해할 수 있는 모든 행복과 기쁨보다, 그리고 모든 천사와 대천사보다, 하늘의 모든 군대보다, 보이는 것과 보이지 않는 모든 것보다, 주님이 아닌 모든 것보다 주님 안에서 안식하게 허락해주십시오.

  오 주 하나님, 주님은 모든 것 위에 뛰어나십니다. 주님만이 가장 높으시며, 주님만이 가장 강력하시며, 주님만이 홀로 충분하고 완전하시며, 주님만이 가장 감미로우시며, 주님만이 가장 아름다우시며, 주님만이 가장 사랑스러우시며, 주님만이 모든 것보다 가장 고상하고 영광스럽습니다. 주님 안에는 모든 좋은 것이 온전히 함께 존재합니다. 이것은 항상 그랬고 앞으로도 그럴 것입니다. 그러므로 주님 자신 외에 주님이 저에게 주신 것, 주님이 저에게 드러내시거나 약속하신 것 모두는 제가 주님을 보거나 완전히 모셔 들이지 않고서는 너무 적고 충분하지 않습니다. 제 마음이 모든 선물과 모든 피조물을 초월하여 주님 안에서 안식하지 않는다면, 참으로 안식할 수도 없고 만족할 수도 없습니다.

오, 가장 사랑하는 동반자이신 예수 그리스도여, 저를 가장 순수하게 사랑하시는 분이시여, 모든 피조물의 주님이시여, 누가 저에게 주님에게로 날아가고 주님 안에서 안식할 참된 자유의 날개를 주겠습니까? 오, 주 하나님이여, 주님이 얼마나 사랑스러우신지 제가 언제쯤 볼 수 있겠습니까? 언제쯤이면 제가 주님께 온전히 몰입할 수 있겠습니까? 언제쯤이면 주님을 사랑하기 때문에 저 자신을 의식하지 않고 오직 주님만을 의식하고, 이해하거나 측량할 수 있는 모든 능력 이상으로 독특하게 주님만을 의식하게 되겠습니까?

그러나 지금은 이 눈물 골짜기에서 많은 재앙이 제게 임하므로 저는 종종 무거운 마음으로 한탄하고 불행을 견디냅니다. 그것들은 종종 저를 화나게 하고 슬프게 하며 저에게 어두운 그림자를 드리웠습니다. 그것들은 저를 자주 방해하고 주의를 산만하게 하고 유혹하고 얽어매어서 제가 주님께로 자유롭게 갈 수 없게 하고 항상 축복받은 영혼들을 기다리는 행복한 포옹을 누릴 수 없게 합니다.

영원한 영광의 광채이시며 방황하는 영혼의 위로이신 예수님이여, 이 땅에서의 저의 한숨과 크나큰 고독이 주님을 감동하게 하십시오. 제 입은 주님 앞에서 잠잠합니다. 제 침묵이 주님께 말씀드리고 있습니다. 제 주님이 언제까지 저에게 오기를 지체하시겠습니까? 주님의 불쌍한 종인 저에게로 오셔서 저를 행복하게 해주십시오. 주님의 손을 펴셔서 저를 모든 환난에서 구원해 주십시오. 저는 긍휼이 매우 필요한 자입니다.

오십시오. 오십시오. 주님이 없으면 하루도, 한 시간도 저는 행복하지 않을 것입니다. 왜냐하면, 주님은 저의 기쁨이고 주님이 없으면 제 식탁은 비어 있기 때문입니다. 저는 비참합니다. 주님이 주님 존재의 빛으로 저를 소생시키고 저를 자유롭게 하시고 주님의 친절한 얼굴을 저에게 돌릴 때까지 저는 감옥에 갇히고 무거운 사슬에 묶여 있는 사람과 같습니다. 다른 사람들은 각자의 길을 갈 수 있지만, 저의 하나님이시며 소망이시며 영원한 구원이신 주님 외에는 저를 기쁘게 할 것이 없습니다.

주님의 은혜가 제게로 돌아오고 주님이 제 마음 깊

은 곳에 말씀하실 때까지 저는 침묵하지 아니하고 기도하기를 그치지 아니하겠습니다.

예수 :

사랑하는 친구여, 나는 여기 있다. 보아라. 네가 나를 초대했기 때문에 내가 네게로 왔다. 네 눈물과 네 영혼의 갈망, 네 겸손과 슬픔에 잠긴 마음이 나를 네게로 오도록 감동했다.

제자 :

오 주님, 저는 주님을 부르고 주님을 누리기를 갈망했으며, 주님을 위해 모든 것을 포기할 준비가 되어 있습니다. 주님은 제가 주님을 찾도록 먼저 감동하셨습니다. 그러므로 주님, 주님의 풍성한 자비로 종에게 이 은혜를 베푸신 주님에게 찬양드립니다. 주님의 종이 주님 앞에서 자기를 낮추고 항상 자기의 부족함과 무가치함을 기억하는 것 외에 무슨 말을 더 하겠습니까? 하늘과 땅의 모든 놀라운 것 중에 주님과 같은 이는 없습니다. 주님의 일은 지극히 선하고, 주님의 판단은 참되며, 주님의 섭리로 온 우주를 다스리십니다. 그러므로 아버지의 지혜시여, 주님을 찬양하고 영광을 돌립니다. 제 입과 영혼과 만물이 주님을 찬양하고 송축합니다.

Chapter_22
하나님의 많은 축복을 기억하기

제자 :

주님, 주님의 율법에 제 마음을 열어 주시고 주님의 길을 따라 행하도록 가르쳐 주십시오. 제가 주님의 뜻을 이해할 수 있도록 도와주시고, 큰 경외심과 부지런한 생각으로 모든 사람에게 베푸신 주님의 친절과 특별히 제게 베푸신 친절을 마음에 새겨 두어 이제부터 제가 주님께 합당하게 감사할 수 있게 도와주십시오. 저는 주님이 저에게 베푸신 어떤 좋은 것에도 합당하지 않습니다. 주님의 탁월함을 생각할 때, 제 영혼은 주님의 위대함 앞에서 시들어갑니다.

우리가 영혼과 육체에 갖고 있는 모든 것, 그리고 외적이든 내면적이든, 자연적이든 초자연적이든 우리가 소유한 모든 것, 그것들은 주님의 축복이며 주님의 관대함과 자비와 선하심을 찬양합니다. 우리는 주님에게서 모든 좋은 것을 받았습니다. 어떤 사람은 더 많이 받고 다른 사람은 적게 받더라도, 그 모든 것은 주님의 것입니다. 주님이 없으면 우리는 그중 가장 작은 것조차 가질 수 없습니다.

많이 받은 사람은 자기의 공로를 자랑하지 말아야 하고, 남보다 자신을 높이지 말아야 하고, 적게 가진 사람들을 업신여기지 말아야 합니다. 이는 자신을 낮게 여기는 사람이 더 크고 나은 사람이기 때문이며, 그는 감사를 돌리면서 더 겸손하고 경건한 사람이기 때문입니다. 항상 자신을 겸손하게 여기는 사람은 더 큰 것을 받기에 합당합니다.

적게 받은 사람은 낙심하거나 분개하거나 더 많이 받은 사람을 부러워해서는 안 됩니다. 그 대신에 그는 주님에게로 향하고 주님의 선하심을 크게 찬양해야 합니다. 왜냐하면, 주님은 사람의 지위나 가치를 고려하지 않고 너무나 풍부하게 주님의 선물을 주셨기 때문입니다. 모든 것이 주님에게서 나오므로 모든 일에서 주님은 찬양을 받아야 합니다. 주님은 우리 각자에게 가장 좋은 것이 무엇인지 알고 계십니다. 이 사람은 덜 갖고 저 사람은 더 많이 갖고 있는지는 우리의 문제가 아니라 주님의 문제입니다. 주님만이 각 사람의 장점을 아십니다.

주 하나님, 그래서 다른 사람의 눈에는 칭찬할 만하고 훌륭하게 보일 그런 것들을 많이 갖지 않은 것을 저는 큰 축복으로 여깁니다. 이는 자신의 가난과 낮음을 생각하는 사람은 그것에서 무게나 슬픔이나 허탈감을 느끼지 말아야 하고, 오히려 위로와 큰 기쁨을 느껴야 하기 때문입니다. 오 하나님, 주님은 가난하고 비천하고 세상에서 멸시받는 이들을 주님의 친구와 가족으로 택하셨습니다. 주님이 온 땅의 통치자들로 세우신 주님의 사도들이 바로 이 일의 증인들입니다. 그들은 이 세상에서 불평 없이 가난하고 검소하게 살았으며, 악의나 기만 없이 주님의 이름을 위하여 모욕당하는 일도 기뻐했으며, 세상 사람들이 미워하는 것을 큰 사랑으로 받아들였습니다.

그러므로 주님을 사랑하고 주님의 친절을 아는 사람을 기쁘게 하는 것은 주님의 뜻과 영원한 목적이 그 사람 안에서 성취되는 것입니다. 그는 다른 사람이 가장 큰 사람으로 여겨지는 것처럼 자신이 가장 작은 사람으로 여겨지는 것에 만족하고 행복해야 합니다. 그는 처음과 마찬가지로 마지막에도 많은 평화와 만족을 누립니다. 그는 다른 사람이 명예와 위대함으로 가득차 있다고 생각될 때와 마찬가지로 무시당하고 거부당하며 이름과 평판이 없어도 기뻐합니다.

주님의 뜻과 주님의 영광에 대한 사랑은 무엇보다 우선되어야 하며, 이것은 이미 받았거나 앞으로 받게 될 모든 축복보다 더 기쁘하고 더 큰 위로가 됩니다.

Chapter_23
큰 평화를 가져오는 네 가지

예수 :

사랑하는 친구여, 이제 나는 너에게 평화와 참된 자유의 길을 가르쳐 주려고 한다.

제자 :

주님, 주님의 말씀대로 행하십시오. 저는 주님이 하시고자 하는 것을 듣고 싶습니다!

예수 :

내 친구여, 자신의 뜻보다는 다른 사람의 뜻을 따르도록 노력해라. 항상 많은 것보다 적은 것을 선호해라. 항상 낮은 곳을 구하고 모든 일에 순종해라. 하나님의 뜻이 네게 온전히 이루어지기를 늘 원하고 기도해라. 너도 알다시피 이 모든 일을 행하는 자는 평화와 안식의 자리에 들어간다.

제자 :
주님, 주님의 이 짧은 말씀은 온전함으로 가득 차 있습니다. 말씀은 짧지만, 의미와 상급이 풍성합니다. 제가 주님의 말씀을 충실히 지킬 수 있다면 그렇게 쉽게 화를 내지 않을 것입니다. 왜냐하면, 제가 불안하고 부담을 느낄 때마다 저는 이 가르침에서 벗어났다는 것을 깨닫기 때문입니다. 그러나 모든 것을 이루시며 항상 제 영혼의 선을 돌보시는 주님이시여, 제가 주님의 말씀을 실천하여 구원을 이룰 수 있도록 더 큰 은총을 주십시오.

오 주 하나님, 저를 멀리하지 마십시오. 하나님이여, 속히 저를 도우십시오. 제 속에서 악한 생각이 많이 일어났고 큰 두려움이 제 영혼을 괴롭게 하였습니다. 제가 어떻게 그것들을 무사히 지나갈 수 있겠습니까? 제가 어떻게 그것들을 깨뜨릴 수 있겠습니까?

예수 :

내가 너보다 먼저 가서 이 세상의 허풍쟁이들의 콧대를 꺾을 것이다. 나는 감옥 문을 열고 가장 깊이 숨겨진 비밀을 너에게 공개할 것이다.

제자 :

주님, 말씀하신 대로 하셔서 모든 악한 생각이 주님 앞에서 사라지게 하십시오. 모든 환난 속에서 주님께로 달려가는 것, 주님을 신뢰하는 것, 제 존재 깊은 곳에서 주님을 부르는 것, 그리고 인내심을 가지고 주님의 위로를 기다리는 것이 저의 소망과 유일한 위로입니다.

선하신 예수님, 내면의 밝은 빛으로 저를 밝혀주시고, 제 마음 깊은 곳에서 모든 어둠을 몰아내십시오. 저의 많은 생각을 억제하시고 저를 짓밟는 유혹을 분쇄하십시오. 저를 위하여 힘써 싸우시고 악한 짐승들을 정복하십시오. 곧 저의 유혹과 육욕을 정복하십시오. 그리하여 주님의 능력으로 평안을 얻게 하시고 주님에게 드리는 찬송이 주님의 거룩한 성전 곧 깨끗한 양심에 가득하게 하십시오.

바람과 폭풍에 명령하십시오. 바다에 "고요하라" 하시고, 북풍에 "불지 말라" 하시면, 크게 잔잔해질 것입니다. 주님의 빛과 진리를 보내어 땅을 비추게 하십시오. 이는 주님이 저를 깨우쳐 주시기 전까지 저는 공허한 땅이기 때문입니다. 위로부터 주님의 은혜를 부어주십시오. 하늘의 이슬로 제 마음을 적셔주십시오. 경건의 물을 내려 지면을 적셔서 선하고 온전한 열매를 맺게 하십시오. 죄의 무게로 짓눌린 제 마음을 일으켜 세우시고, 제 모든 갈망을 하늘 높이 올려 주십시오. 그리하여 더 높은 행복의 감미로움을 맛본 후에 세속적인 일을 생각하는 것이 부끄러워지게 하십시오. 모든 물질적인 것의 일시적인 안락함에서 저를 건지시고 구원해주십시오. 이는 어떤 물질적인 것도 저를 완전히 만족시키거나 위로할 수 없기 때문입니다. 끊어지지 않는 사랑의 띠로 저를 주님과 결합시켜 주십시오. 이는 주님만이 주님을 사랑하는 사람을 만족시킬 수 있기 때문입니다.

주님이 없으면 다른 모든 것은 무의미합니다.

Chapter_24
다른 사람들의 삶에 대한 호기심을 품지 않음

예수 :

내 친구여, 쓸데없는 일로 궁금해하거나 부담을 느끼지 마라. 이런저런 일이 너에게 무슨 상관이 있느냐? 네 의무는 나를 따르는 것이다. 이 사람이 이러저러하고 저 사람이 이러저러한 말을 하는지가 네게 무슨 상관이겠느냐? 너는 다른 사람들을 대신해서 대답할 필요가 없지만, 너 자신을 위해 대답해야 할 것이다. 그러므로 너는 왜 그 일들에 상관하느냐?

보아라. 나는 모든 사람을 알고, 해 아래서 행해지는

모든 일을 본다. 나는 모든 사람이 어떤 생각을 하는지, 무엇을 원하는지, 무엇을 목표로 삼는지 알고 있다. 그러므로 모든 것은 나에게 맡겨야 한다. 너는 평안함을 유지해라. 그 일을 하는 사람이 마음껏 소란을 피우도록 해라. 왜냐하면, 그 사람이 무엇을 하든, 무슨 말을 하든 그 자신을 괴롭힐 것이기 때문이다. 나를 속일 자가 없다.

유명한 사람들의 그림자 속에서 맴돌거나 많은 지인을 사귀거나 몇몇 친한 친구들의 애정에 탐닉하지 마라. 이러한 것들은 마음에 산만함과 큰 어둠을 불러온다. 내가 올 때까지 주의 깊게 기다리고 마음의 문을 열면, 기꺼이 내 가장 깊은 생각을 너에게 말해주겠다. 슬기롭게 행동하고 깨어 기도하고 모든 일에서 겸손해라.

Chapter_25
마음의 참 평안

예수 :

사랑하는 친구여, 나는 "평안을 너희에게 끼치노니 곧 나의 평안을 너희에게 주노라 내가 너희에게 주는 것은 세상이 주는 것과 같지 아니하니라"(요 14:27) 하고 말했다. 모든 사람이 평안을 원하지만, 모두가 참 평안으로 이끄는 것에 관심을 두지는 않는다. 내 평안은 겸손하고 마음이 온유한 자들과 함께한다. 네가 크게 인내하면 평안이 찾아올 것이다. 네가 내 음성을 듣고 따르면 큰 평안을 누릴 것이다.

제자 :

그러면 제가 어떻게 해야 합니까?

예수 :

네가 하는 모든 일과 말하는 모든 것을 잘 따져보고, 네가 하고자 소망하는 모든 일을 오직 나만 기쁘게 하고 나만 원하고 구하는 목적으로 이루도록 해라. 다른 사람의 말과 행동에 대해 함부로 판단하지 말고, 자신과 관련 없는 일에 얽매이지 마라. 이 조언을 따르면 문제가 거의 발생하지 않을 것이다. 그러나 불안을 절대로 느끼지 않고 마음의 고통이나 육체적인 고통을 겪지 않는 것은 이 세상에서 일어나는 일이 아니라 영원한 세상에서 일어나는 일이라는 것을 명심해라.

그러므로 부담을 느끼지 않는다고 해서 진정한 평안을 찾았다는 식으로 믿지 말고, 방해를 받지 않는다고 해서 모든 것이 잘될 것이라는 식으로 믿지 마라. 일이 원하는 대로 진행되는 것처럼 보이더라도 모든 것이 완벽할 것이라는 식으로 가정하지 마라. 또한, 네가 큰 경건과 부드러움을 누리고 있다면, 너 자신을 위대하거나 하나님의 특별한 사랑을 받는 사람으로 생각해서는 안 된다. 미덕을 진정으로 사랑하는 사람은 이와 같은 것으로는 알 수 없으며, 네 진보와 완전함도 그러한 것으로 이루어지지 않는다.

제자 :
주님, 그러면 그것들은 무엇으로 구성되어 있습니까?

예수 :
그것들은 온전한 마음으로 자신을 하나님의 뜻에 맡기고, 크고 작은 일과 현세와 영원을 가리지 않고 자신의 이익을 추구하지 않는 것으로 이루어져 있다. 이를 통해 형통과 역경 속에서도 흔들림 없는 시각을 유지하고 모든 것을 같은 저울대에 올려놓고 계속해서 감사하는 마음을 지니게 된다.

네 소망이 너무나 강하고 확고해서 내면의 위로가 사라지는 것처럼 보일 때에도 더 큰 공격에 대비할 수 있다면, 너는 참 평안을 찾을 것이다. 네가 고난을 겪지 않아도 된다고 생각할 만큼 독선적이지 않다면, 참 기쁨을 찾을 수 있을 것이다. 그리고 네가 위로를 받을 때나 시련을 겪을 때나 똑같이 나에게 감사하면, 너는 내가 네 삶에 진정으로 존재한다는 것을 알게 될 것이다. 네가 자신의 중요성을 완전히 무시할 때, 현생에서 가능한 한 많은 평안을 얻을 것이다.

Chapter_26
참 자유는 겸손한 기도에서 온다

제자 :

주님, 절대로 영혼이 하늘의 일을 추구하는 데서 긴장을 풀지 못하게 하고, 이 세상의 많은 염려를 마치 존재하지 않는 것처럼 무관심하게 하지 않고, 오히려 자유롭게 지나치도록 허용하지 않고, 무엇보다도 주님을 사랑하는 데서 비롯된 자유를 가진 사람은 완전한 사람입니다. 지극히 은혜로우신 주님, 이 삶의 근심으로부터 저를 보호하시길 간청합니다. 이는 몸의 많은 결핍에서 벗어나 제가 그것들의 종이 되지 않게 하려

함입니다. 영혼의 모든 장애물에서 벗어나 불안에 사로잡혀 완전히 무너지지 않도록 하십시오.

저는 사람들이 허영심에 빠져 열광적으로 쫓는 것들로부터 저를 구원해 주시기를 구하지 않습니다. 저는 단지 주님이 우리의 죽음에 수반되는 질병, 저를 고통스럽게 짓누르고 제가 원하는 만큼 자주 주님의 임재를 경험하지 못하게 하는 질병으로부터 저를 구해 주시기를 간구할 뿐입니다.

오 하나님, 형언할 수 없이 감미로운 분이시여, 저를 영원한 것에 대한 사랑에서 멀어지게 하는 거짓 위로, 곧 현재의 즐거운 선을 가장하여 저를 그릇되게 유혹하는 모든 거짓 위로를 쓰라림으로 바꿔주십시오. 하나님이여, 그것이 저를 압도하지 못하게 하십시오. 세상의 가치관이 저를 속이고 이기게 하지 마십시오. 마귀와 그의 간계가 저를 걸려 넘어지게 하지 마십시오. 저에게 저항할 힘, 고통을 견딜 수 있는 인내, 계속해서 나아갈 수 있는 불변성을 주십시오. 세상의 모든 상급 대신에 성령님의 기름을 부어주시고, 자기중심주의 대신에 주님의 이름을 사랑하는 마음으로 저를 채워주십시오.

제가 주님을 향한 사랑으로 불타오를 때 저를 지탱하는 데 필요한 음식과 음료와 의복 및 기타 것들이 얼마나 부담스러운지 보십시오. 그런 것들을 아껴서 사용하게 하시고 너무 많이 바라는 마음에 사로잡히지 않게 하십시오. 자연은 유지되어야 하기에 우리는 그것들 모두를 거부할 수 없습니다. 그러나 주님의 거룩한 율법은 우리가 필요로 하는 것 이상과 주로 우리의 자만심을 지탱하는 것들을 구하는 것을 금합니다. 그렇게 하면 우리는 끝없는 갈등을 느끼게 됩니다.

이 모든 일에 있어서 제가 절대로 지나치지 않도록 주님의 손이 저를 인도하시고 이끄시기를 간구합니다.

Chapter_27
자기애는 최고의 선을 얻는 것을 방해함

예수 :

사랑하는 친구여, 모든 것을 얻으려면 모든 것을 주어야 하며, 너 자신의 어떤 것도 남지 않아야 한다. 자기애가 세상의 그 어떤 것보다 너에게 더 큰 상처를 준다는 것을 알아라. 모든 것은 네가 그것에 대해 갖고 있는 사랑과 애정에 따라 어느 정도 너에게 달라붙는다. 네 사랑이 순수하고 단순하고 선하면, 너는 어떤 것에도 노예가 되지 않을 것이다. 네가 가져서는 안 되는 것을 탐내지 마라. 너를 노예로 삼게 될 것을 소유하지 마라. 모든 것을 바랄 수 있고 소유할 수 있는 네가 정말로 마음의 깊은 곳에서 나를 바라지 않은 것은 놀랍다.

너는 왜 공허한 슬픔에 빠져가느냐? 왜 불필요한 걱정으로 너 자신을 지치게 하느냐? 계속해서 나를 기쁘게 해라. 그러면 아무것도 너에게 해를 끼치지 않을 것이다. 네가 이것저것을 추구하면, 그것이 너에게 더 유익하고 즐겁기에 이곳저곳에 있고자 한다면 너는 절대로 평화를 찾을 수 없을 것이다. 너는 모든 일에서 잘못된 점을 찾을 것이며, 어디를 가든 마음에 들지 않는 사람을 찾게 될 것이다.

소유물을 얻고 저장하는 것도 도움이 되지 않는다. 오히려 그것들에 무관심하고 네 마음에서 그것들을 제거하는 것이 가장 도움이 될 것이다. 네가 알다시피 이것은 돈과 부요에만 적용되는 것이 아니라 명예에 대한 욕구와 칭찬에 대한 갈망에도 적용된다. 이것들은 결국 아무 의미가 없다.

사랑하는 마음이 부족하면 지역 사회에서 네가 중요한 위치를 차지한다는 것은 아무 의미가 없으며, 마음이 올바른 땅에 뿌리를 내리지 않으면 네가 추구하는 평화는 오래 지속되지 못할 것이다. 나 없이 너는 변할 수 있지만, 그것을 위해 더 나아질 수는 없다. 인정받고 자긍심을 가질 기회가 생기고 이를 네가 받아들이면, 너는 피하려고 했던 것을 그 이상으로 만나게 된다.

제자 : 깨끗한 마음과 하늘의 지혜를 구하는 기도

오 하나님, 성령님의 은혜로 저를 강하게 하십시오. 제 내면을 강하게 해주시고, 쓸데없는 근심과 괴로움을 마음에서 비워주십시오. 그것이 무가치하든지 귀하게 여겨지든지 상반되는 욕망에 이끌리지 않게 하시고, 그 모든 것을 지나가는 것으로 여기고 저도 함께 지나가는 것으로 여기게 하십시오. 모든 것이 헛되고 영혼을 괴롭게 하는 이곳에서는 해 아래 아무것도 지속되지 않습니다. 아, 이렇게 생각하는 사람은 매우 현명한 사람입니다!

오 주님, 저에게 하늘의 지혜를 주십시오, 무엇보다도 주님을 찾고 찾는 법, 무엇보다도 주님을 맛보고 사랑하는 법, 주님의 지혜가 정한 대로 다른 모든 것을 있는 그대로 이해하는 법을 배울 수 있게 해주십시오. 거만하게 아첨하는 자들을 피할 수 있는 분별력과 저를 반대하는 자들을 참을 수 있는 인내심을 주십시오. 바람 같은 말에 이리저리 흔들리지 않고 거짓된 아첨꾼인 뱀의 속삭임에 귀 기울이지 않는 것이 큰 지혜입니다. 각자 자신이 시작한 길을 당당하게 행하기를 원합니다!

Chapter_28
사람들이 우리를 거슬러 말할 때

예수 :

사랑하는 친구여, 어떤 사람들이 너를 나쁘게 생각하고 네가 듣기 싫은 말을 해도 마음에 두지 마라. 너는 너 자신이 그들이 생각하는 것보다 더 나쁘다고 생각해야 하며, 너보다 약한 사람은 없다고 믿어야 한다. 네가 내면의 빛에 따라 걷는다면, 너에게 쏟아지는 말에 대해 많이 생각하지 않을 것이다. 어려울 때 침묵하고, 마음으로 나에게로 향하고, 다른 사람들의 생각에 화내지 않는 것은 큰 분별력이다.

네 평화는 다른 사람들이 말하는 것에 달려 있지 않다. 그들이 너를 좋게 생각하든 나쁘게 생각하든, 너는 여전히 같은 사람이다. 참된 평화와 참된 영광은 어디에 있느냐? 내 안에 있지 않느냐?

다른 사람을 기쁘게 하고 싶지 않고 불쾌하게 하는 것을 두려워하지 않는 사람은 큰 평화를 누릴 것이다. 모든 마음의 불안함과 산만한 생각은 잘못된 것을 너무 좋아하는 데서, 그리고 불필요한 두려움에서 비롯된다.

Chapter_29
시련의 때에 하나님 송축하기

제자 :

오 주님, 이 시련과 시험이 저에게 오기를 원하신 주님의 이름을 영원히 찬송합니다. 저는 그것을 피할 수 없지만, 주님이 저를 도와주셔서 그것이 저에게 유익이 되도록 해주시는 주님에게로 나아갑니다.

주님, 이 말을 하고 있는데도 너무 괴롭고 마음이 산란합니다. 현재의 고통이 저를 압도합니다. 주님, 제가 지금 무슨 말을 하겠습니까? 저는 정말 심각한 상황에 처해 있습니다. 이 시간에서 저를 구해주십시오!

그러나 제가 이 시간에 온 이유는 단 하나입니다. 그것은 제가 주님에 의해 깊이 겸손해지고 자유로워질 때 주님께서 영광을 받으시게 하려는 것입니다.

오 주님, 불쌍한 저를 구원해 주시기를 바랍니다. 주님 없이 제가 무엇을 할 수 있고 어디로 갈 수 있겠습니까?

주님, 이 불행 속에서도 제게 인내심을 주십시오. 오 나의 하나님, 저를 도우십시오. 그러면 제가 아무리 억압을 당해도 두려워하지 않을 것입니다. 이제 이런 일이 일어나는 가운데 제가 무슨 말을 해야 하겠습니까? 주님, 주님의 뜻이 이루어지기를 원합니다! 저는 확실히 괴로움과 짐을 짊어져야 마땅합니다. 저는 어떤 대가를 치르더라도 견뎌야 하며, 폭풍이 지나가고 상황이 나아질 때까지 인내심을 갖고 견뎌야 합니다.

그러나 주님의 전능하신 손에는 이 시험을 제거하고 제가 시험에 빠지지 않도록 그 힘을 약화하는 능력이 있습니다. 하나님이여, 자비를 베푸시는 분이시여, 주님이 과거에 저를 위해 그토록 자주 행하셨던 것처럼 지금도 그렇게 행해주십시오. 제가 이러한 시험을 물

리치기가 어려울수록, 지극히 높으신 주님의 오른손이 상황을 올바른 방향으로 돌리기는 더 쉽습니다.

Chapter_30
하나님의 도움 구하기

예수 :

사랑하는 친구여, 나는 환난 날에 힘을 주는 여호와다. 환난 때에 나에게로 와라. 네가 하늘의 위로를 받지 못하도록 가로막는 가장 큰 장애물은 기도에 전념하는 데 시간을 너무 끈다는 것이다. 너는 마침내 나와 진지한 대화를 나누기 전에 온갖 종류의 위로를 찾고 바쁘게 지내면서 기분을 회복하려고 한다. 그러므로 나를 신뢰하는 사람들을 구원하는 자가 바로 나라는 것을 네가 기억할 때까지는 그 어떤 것도 큰 도움이 되지 않는다. 나 외에는 효과적인 도움도, 가치 있는 조언도, 지속적인 치유도 없다.

그러나 이제 폭풍이 지나갔고 숨을 돌렸으니, 내 은혜의 빛으로 다시 힘을 얻어라. 내가 모든 사람을 회복시키고 헤아릴 수 없을 만큼 풍성하게 회복시키려고 가까이 있기 때문이다.

나에게 불가능한 일이 있느냐? 내가 약속을 어기는 사람과 같으냐? 네 믿음은 어디에 있느냐? 굳건히 서서 인내해라. 인내하고 용기를 가져라. 때가 되면 네게 위로가 임할 것이다. 나를 앙망해라. 기다려라. 내가 와서 너를 고쳐주겠다. 시험이 너를 괴롭히고 두려움이 너를 불필요하게 놀라게 한다. 미래에 대한 불안이 극한 슬픔 외에 가져다주는 것 무엇이겠느냐? 오늘은 그 자체로 충분한 문제가 있다. 절대로 일어나지 않을 미래의 일에 대해 슬픔이나 기쁨을 느끼는 것은 헛되고 쓸모가 없다.

그러나 인간은 그러한 상상에 속으며, 원수의 암시에 쉽게 끌려가는 것은 영혼이 아직 약하다는 분명한 신호다. 원수는 너를 속이고 해칠 때 진실이든 거짓이든 상관하지 않는다. 현재의 즐거움으로 너를 이끌거나 미래의 두려움으로 굴복시키는 데에도 마찬가지다.

그러므로 마음에 근심하지도 말고 두려워하지도 마라. 나를 믿고 나의 자비를 신뢰해라. 네가 나에게서 멀리 있다고 생각할 때 나는 종종 너에게 가장 가까이 있다. 거의 모든 것을 잃었다고 생각할 때, 종종 가장 큰 보상을 얻게 될 것이다. 일이 계획한 대로 되지 않더라도 모든 것을 잃은 것은 아니다. 지금 느끼는 대로 판단해서는 안 된다. 어려움에 너무 깊이 빠져서 탈출할 길이 없는 것처럼 느껴서도 안 된다. 비록 내가 당분간 너에게 고난을 주었고 네가 원하는 위로를 거두어 갔어도, 네가 완전히 버려졌다고 생각하지 마라. 이것이 천국으로 가는 길이다. 모든 일이 뜻대로 되는 것보다 역경을 겪는 것이 너와 내 종들에게 더 낫다는 것은 틀림없다.

나는 네 가장 깊은 생각들을 알고 있으며, 때때로 네가 무기력하고 영적으로 약한 느낌을 갖게 하는 것이 네 구원에 더 도움이 된다는 것을 알고 있다. 네가 항상 사랑과 기쁨으로 가득 차 있다고 느꼈다면, 너는 곧 네 행운에 대해 자랑스러워하고 너 자신에 대해 기뻐할 것이며, 너 자신이 네가 아닌 것처럼 생각할 것이다. 내가 너에게 준 것은 내가 원할 때 가져갈 수도 있고 되돌려줄 수도 있다. 내가 너에게 그것을 주어도 그것은 여전히 내 것이다. 내가 빼앗을지라도 네 것을 취하지 않는다. 이는 모든 좋은 은사와 온전한 은사가 다 내 것이기 때문이다. 내가 너에게 환난이나 역경을 보내더라도 원망하지 말고 낙심하지 마라. 내가 속히 너를 다시 일으키고 너의 모든 환난을 기쁨으로 바꿀 수 있다.

이 모든 일에 나는 여전히 공정하며, 내가 너를 그런 식으로 대해도 크게 찬양받을 것이다. 네가 진리를 알고 정면으로 맞서면 일이 잘못되더라도 실망하거나 낙심할 일이 없다. 오히려 기뻐하고 감사해야 한다. 그렇다. 내가 너를 슬프게 하면서 아끼지 않는 것을 너는 특별한 기쁨으로 생각해야 한다.

내가 사랑하는 제자들에게 "아버지께서 나를 사랑하신 것 같이 나도 너희를 사랑한다"라고 말했다. 나는 그들을 좋은 시간을 보내라고 보낸 것이 아니라, 큰 전투를 하라고 보냈다. 나는 그들을 명예를 얻게 하려고 보낸 것이 아니라, 조롱을 받도록 보냈다. 나는 그들이 빈둥거리도록 보낸 것이 아니라, 일하도록 보냈다. 나는 그들이 쉬도록 보낸 것이 아니라, 고난을 통해 많은 열매를 맺게 하려고 보냈다. 오 나의 사랑하는 친구여, 이 말을 기억해라!

Chapter_31
우리가 창조주를 찾을 수 있도록
모든 피조물에게서 분리하심

제자 :

　주님, 다른 사람이나 다른 어떤 것도 저를 가로막을 수 없는 영적 삶의 진전을 이루려면 저에게 더 큰 은혜가 필요합니다. 왜냐하면, 어떤 것이 저를 막고 있는 한 저는 자유롭게 주님께로 날아갈 수 없기 때문입니다. 자유롭게 날고 싶어 했던 사람은 "누가 나에게 비둘기 같은 날개를 주어 멀리 날아가서 안식을 얻게 할 것인가?"라고 말했습니다. 오직 하나님께만 시선을 고정하고 단순한 사람보다 더 안식하는 사람이 어디 있겠습니까? 그리고 하나님 외에는 아무것도 원하지 않는 사람보다 더 자유로운 사람이 어디 있겠습니까?

따라서 사람은 창조된 모든 것 너머로 날아가야 하며, 자신의 자만심을 완전히 버리고 경외심에 찬 눈으로 만물을 창조하신 주님을 바라보아야 합니다. 그리고 사람은 피조물에 대한 집착에서 벗어나지 않는 한 영적인 것들에 자유롭게 주의를 기울일 수 없습니다. 이것이 오늘날 주님을 바라보는 사람이 그토록 적은 이유입니다. 이 세상에서 하는 모든 일이 하나님에 대한 사랑에서 흘러나오도록 하는 방법을 아는 사람은 거의 없습니다.

이를 위해서는 영혼을 고양시키고 자신을 초월할 수 있는 큰 은총이 필요합니다. 사람이 영적으로 고양되지 않고, 세속적 가치관에서 벗어나 하나님과 완전히 연합되지 않는다면, 그가 아는 것과 그가 가진 것이 무엇이든 아무 의미가 없습니다. 측량할 수 없고 영원한 선이신 분 외에 무엇이든 위대하다고 생각하는 사람은 언제나 땅에 묶인 작은 사람일 것입니다. 하나님이 아닌 것은 무엇이든 하나님과 비교 대상이 아니며 그렇게 인식되어야 합니다. 깨달은 독실한 사람의 지혜와 박식하고 뛰어난 학자의 지식 사이에는 큰 차이가 있습니다. 하나님의 영향력에서 흘러나오는 배움은 사람이 공부하고 연구하여 얻은 배움보다 훨씬 더 고귀합니다.

많은 사람이 관상적인 생활(contemplative life)을 원하지만, 그것을 달성하는 데 필요한 것들은 실천하지 않습니다. 그들이 표적과 감정에 의존하고 자기중심성을 없애는 데 거의 관심이 없는 것은 하나의 큰 장애물입니다. 저는 그토록 영적인 존재라고 주장하는 우리가 내면의 삶에 대해 거의 생각하지 않는 이유가 무엇인지 모르겠습니다. 어떤 정신이 우리를 그토록 큰 고통을 겪게 하고, 지나가는 일과 사소한 일에 그토록 염려하게 하는지 모르겠습니다. 우리가 잠시 기억한 후에 우리의 행동을 엄밀하게 검토하지 않고 달려가는 것은 참으로 안타까운 일입니다. 우리는 우리의 애정이 어디에 있는지 관심을 기울이지 않으며, 그 모든 것이 얼마나 불순한지 한탄하지도 않습니다. 대홍수가 뒤따른 것은 우리가 부패했기 때문입니다. 그러므로 우리 마음이 부패하였으므로 그 마음에서 나오는 행동도 부패할 수밖에 없습니다. 이는 우리에게 내면의 헌신과 활력이 부족하다는 것을 보여줍니다. 순수한 마음에서 좋은 삶이 흘러나옵니다.

우리는 사람이 인생에서 얼마나 많은 성취를 이루었는지 묻지만, 그 사람의 미덕을 그렇게 진지하게 평가하지는 않습니다. 우리는 그 사람이 강한지, 부자인지, 잘생겼는지, 재능이 있는지, 훌륭한 작가인지, 훌륭한 가수인지, 훌륭한 일꾼인지 묻지만, 그가 얼마나 심령이 가난한지, 얼마나 인내하고 친절한지, 얼마나 독실하고 내면적인지 묻는 사람은 거의 없습니다. 자연은 사람의 겉모습을 보지만, 은혜는 속사람을 봅니다. 자연은 종종 실수하지만, 은혜는 절대로 실수하지 않습니다. 왜냐하면, 은혜는 하나님을 신뢰하기 때문입니다.

Chapter_32
자신을 넘어 성장하기

예수 :

나의 친구여, 네가 자기중심적인 태도를 단번에 멈추지 않고서는 완전한 자유를 누릴 수 없다. 자기 자신에만 사로잡힌 사람은 모두 노예처럼 묶여 있다. 그들은 쳇바퀴 돌듯 돌진하고, 모든 일시적인 기분을 쫓으며, 항상 예수 그리스도의 길이 아닌 쉬운 길을 추구한다. 그런 사람이 계획하거나 성취하는 것은 아무것도 지속되지 않을 것이다. 왜냐하면, 하나님에게서 오지 않는 것은 모두 멸망할 것이기 때문이다. "모든 것을 버리면, 모든 것을 찾을 것이다. 욕망을 버리면, 안식을 얻을 것이다."라는 짧고 의미 있는 말을 기억해라. 이것을 깊이 생각하여 실천해 보면 모든 것을 깨닫게 될 것이다.

제자 :

주님, 이것은 하루아침에 될 일도 아니고 어린아이의 장난도 아닙니다. 이 짧은 말에는 경건한 사람이 노력해야 할 모든 것이 담겨 있습니다.

예수 :

사랑하는 친구여, 너는 온전함의 길이 무엇인지 듣고서 포기하거나 낙심해서는 안 된다. 오히려 너는 더 높은 곳에 도달하기 위해, 또는 적어도 그것을 갈망하기 위해 더욱 영감을 받아야 한다. 나는 네가 더는 자신을 사랑하지 않고 내 뜻을 행할 준비가 되어 있는 지점에 도달했으면 좋겠다. 그러면 너는 나를 크게 기쁘게 할 것이며 네 평생은 행복하고 평화롭게 지낼 것이다.

너는 아직 포기해야 할 것이 많다. 네가 나를 위해 모든 것을 포기하지 않으면 구하는 것을 얻지 못할 것이다. 나는 네가 나에게서 가장 순수한 금보다 더 귀한 하늘의 지혜를 사서 네가 중요한 일을 풍성하게 하기를 바란다. 세상의 지혜와 다른 사람과 자신을 기쁘게 하려는 소망을 제쳐두어라. 나는 모든 사람이 갈망하는 것보다 소수의 사람이 소중히 여기는 것들을 위해 노력하라고 말했다.

참된 하늘의 지혜는 대다수 사람에게 무가치해 보이며 대체로 무시된다. 왜냐하면, 그것은 그 자체를 높게 생각하지도 않고 이 세상에서 위대함을 추구하지도 않기 때문이다. 많은 사람이 입으로 말하지만, 자신이 가르치는 것을 실천하지는 않는다. 그러나 이 동일한 하늘의 지혜는 군중에게 숨겨져 있는 값진 진주다.

Chapter_33
우리 시선을 하나님께 고정하기

예수 :

나의 친구여, 네 감정은 곧 바뀔 것이니 지금 네가 느끼는 방식을 믿지 마라. 네가 원하지 않더라도 네 모든 삶은 바뀔 수 있다. 너는 때로는 행복하고 때로는 슬프다. 때로는 침착하고 때로는 불안하다. 지금 경건하면서도 지금 경건하지 않다. 지금 공부에 열심이면서도 지금 게으르다. 지금 엄숙하면서도 지금 장난기가 가득하다.

지혜롭고 영적인 일에 잘 교육받은 사람은 이러한

변화를 초월하며 자신의 감정이나 바람이 부는 방향에 주의를 기울이지 않는다. 그 대신, 그는 자신이 원하는 목표를 달성하는 데 온 신경을 쏟는다. 그가 이리저리 흔들릴 때 그의 시선을 나에게 집중함으로써 그의 발은 확고하다. 그리고 그가 나에게 시선을 더 집중할수록 그는 변하는 폭풍을 더욱 꾸준히 헤쳐 나간다.

그러나 많은 사람은 이 초점이 흐릿하다. 왜냐하면 그들은 일어나는 즐거운 일을 멍하니 바라보기 때문이다. 혼합된 감정으로 인해 흠집이 없는 사람을 거의 찾을 수 없다. 그리하여 예수의 동족들은 예수를 보기보다는 나사로를 보기 위해 베다니 마르다와 마리아에게 왔다. 그러므로 네 초점은 선명하고 정확해야 한다. 네 초점은 나에게로 향해야 하며 다른 어떤 것에도 주의가 산만해져서는 안 된다.

Chapter_34
하나님을 사랑하는 사람은 무엇보다 하나님을 더 즐거워한다

제자 :

저의 전부이신 하나님이여! 제가 뭘 더 바랄 수 있겠습니까? 제가 이보다 더 큰 행복을 바랄 수 있겠습니까? 오 말씀이시여! 주님은 주님을 사랑하는 사람에게는 맛있고 달콤하지만, 그렇지 않은 사람에게는 건조합니다. 저의 전부이신 하나님이여! 주님의 말씀은 이해하는 사람에게는 그것으로 충분하지만, 주님의 말씀을 사랑하는 사람에게는 반복해서 듣는 것이 즐겁습니다.

주님, 주님이 임재하시면 모든 것이 즐겁습니다. 주님이 부재하시면 모든 것이 지루해집니다. 주님은 마음을 평온하게 하시고 큰 평안과 기쁨으로 가득 차게 하십니다. 주님은 우리가 모든 것을 좋게 생각하도록 하시고 모든 일에 주님을 찬양하게 하십니다. 주님 없이는 어떤 것도 지속적인 즐거움을 줄 수 없습니다. 왜냐하면 어떤 것이 즐겁고 식욕을 돋우려면 주님의 은혜가 거기에 있어야 하고 주님의 지혜의 향료로 맛을 내어야 하기 때문입니다. 주님을 기뻐하는 사람에게 맛없는 것이 무엇이겠습니까? 그리고 주님을 기뻐하지 않는 사람에게 무엇이 기쁨을 줄 수 있겠습니까? 주님 외에 세상을 사랑하는 사람은 주님의 지혜를 모르고, 자기의 이기심으로 다른 사람을 사랑하는 사람은 더욱 모릅니다. 그러한 조건으로 세상을 사랑하는 것은 허영심이 가득합니다. 이기적인 사랑은 시들어버릴 포도나무를 심는 것과 같습니다.

그러나 주님을 따르는 사람들은 주님을 통해 세상과 사람들을 진심으로 사랑합니다. 그들은 참으로 현명합니다. 그들은 하나님을 달콤하게 느끼고, 피조물에서 찾은 모든 좋은 것을 주님께 돌립니다. 창조주의 고유한 특성과 창조주가 창조하신 것의 고유한 특성, 영원과 덧없음, 빛과 깨달음 사이에는 참으로 큰 차이가 있습니다.

오 영원한 빛이시여, 모든 창조된 빛을 능가하시며 찬란한 섬광을 보내셔서 제 마음의 가장 은밀한 깊은 곳까지 꿰뚫게 하십시오. 제 영혼을 깨끗이 하시고 기쁨과 빛과 생명을 주셔서 무한한 기쁨으로 온 힘을 다해 주님 곁에 있게 하십시오.

오, 주님이 저를 주님의 임재로 채우시고 저의 모든 것이 될 이 복되고 소망하는 시간은 언제 오겠습니까? 이것이 저에게 주어지지 않는 한 저의 기쁨은 온전하지 않을 것입니다. 하지만 옛 사람은 아직도 제 안에 살고 있습니다. 옛 사람은 완전히 십자가에 못 박힌 것도 아니고, 완전히 죽은 것도 아닙니다. 옛 사람은 여전히 영에 대해 분노하고 있습니다. 옛 사람은 제 안에서 전쟁을 일으키고 제 영혼의 왕국이 안식하도록 허락하지 않습니다. 그러나 바다의 세력을 다스리시며 밀려오는 파도를 잔잔하게 하시는 주께서 일어나 저를 도우십시오! 전쟁을 기뻐하는 나라들을 흩어버리십시오! 주님의 힘으로 그들을 분쇄하십시오! 구하오니 주님의 놀라운 일을 행하시고 주님의 오른손이 영광을 받으십시오. 주 하나님 외에는 저에게 다른 소망도 없고 피난처도 없습니다.

Chapter_35
이생의 유혹에는 자유가 없음

예수 :

내 친구여, 너는 이생에서 절대로 안전하지 않다. 너는 살아있는 한 항상 영적 무기가 필요하다. 너는 원수들 가운데에 있고 좌우로 공격을 받는다. 인내의 방패를 사용하지 않으면 상처를 입을 것이다. 더욱이 네가 나를 위하여 모든 것을 짊어지려는 진지한 뜻으로 나에게 마음을 정하지 않으면, 전쟁의 열기를 견디지 못하고 축복받은 자들의 승리를 얻지 못할 것이다. 그러므로 너는 모든 일을 용감하게 헤쳐 나가야 하며 원수에 맞서 강한 손을 사용해야 한다. 천사들의 양식은 승자에게 주어지고 게으른 자에게는 많은 비참함이 주어지기 때문이다.

네가 이생에서 안식을 구하면, 어떻게 영원한 안식을 기대하겠느냐? 자주 쉬는 것을 목표로 삼지 말고 큰 인내심을 가져라. 땅이 아닌 하늘에서, 사람이나 사물이 아니라 오직 하나님 안에서 참된 평화를 구해라. 하나님의 사랑을 위하여 모든 것을 기꺼이 참아야 한다. 물론 수고와 슬픔, 유혹, 환난, 근심, 궁핍, 질병, 상처, 모순, 책망, 굴욕, 의심, 형벌, 멸시를 기꺼이 견뎌야 한다. 이것들은 모두 미덕에 도움이 된다. 이것들은 그리스도를 따르기 시작한 사람을 시험한다. 이것들은 하늘의 면류관을 형성한다. 나는 짧은 시간을 고생한 사람에게 무한한 보상을 제공하며, 잠시의 불안감을 견디는 사람에게 영원한 영광을 선사한다.

너는 원할 때마다 항상 영적 위로를 받을 것으로 생각하느냐? 나의 성도들은 영적 위로를 항상 받지는 않는다. 그들은 많은 어려움과 유혹과 빈번한 실망을 겪었다. 그러나 그들은 모든 일에 참으며 자기보다 하나님을 더 신뢰했다. 이는 현세의 고난이 장차 올 영광과 비교하면 아무것도 아니라는 것을 그들이 알기 때문이다. 많은 눈물과 노력 끝에 다른 사람들이 얻은 것을 너도 단번에 얻을 수 있겠느냐? 주를 앙망해라. 힘내고 용기를 가져라. 절망하거나 포기하지 마라. 하나님의 영광을 위해 몸과 영혼을 바치는 일에 끊임없이 힘써라. 내가 너에게 넉넉히 보상해 줄 것이다. 모든 시련 속에서 너와 함께할 것이다.

Chapter_36
다른 사람들이 너에 대해 뭐라고 말할지 걱정하지 마라

예수 :

사랑하는 친구여, 네 마음을 주께 온전히 맡겨라. 네 양심이 네 헌신과 결백을 확증한다면, 다른 사람들이 너를 거슬러 하는 말을 두려워하지 않을 것이다. 그런 것을 참는 것은 선하고 복된 일이며, 자신보다 하나님을 더 신뢰하는 겸손한 마음의 사람에게는 그다지 어려운 일이 아닐 것이다. 많은 사람이 험담을 좋아하기 때문에 그들에게 관심을 기울이는 사람은 거의 없다. 어쨌든 모든 사람을 만족시키는 것은 불가능하다.

바울은 주 안에서 모든 사람을 기쁘게 하려고 노력했고 모든 사람에게 모든 것이 되었지만, 다른 사람의 의견을 별로 생각하지 않았다. 그는 자신에게 있는 모든 재능과 능력을 다해 다른 사람들의 함양과 구원을 위해 열심히 일했다. 그러나 이것이 그가 때때로 그들로부터 판단을 받거나 경멸을 받는 것을 막지는 못했다. 그래서 그는 모든 것을 아시는 하나님께 모든 것을 맡겼고, 자기를 비방하는 자들과 자기를 사기꾼과 거짓말쟁이라고 생각하는 자들과 자기를 욕하는 자들로부터 오래 참음과 겸손으로 자신을 변호했다. 하지만 그는 때때로 그들의 비난에 더 강력하게 대응하여 자기의 행동을 완전히 이해하지 못하는 사람들이 그들에 의해 잘못된 길로 인도되지 않도록 했다.

왜 너는 다른 사람들의 말을 두려워해야 하느냐? 사람은 오늘 살다가 내일은 사라진다. 하나님을 사랑하면 다른 사람을 두려워하지 않을 것이다. 다른 사람의 말이나 천박한 대우가 너에게 어떤 영향을 미칠 수 있겠느냐? 그런 사람은 너에게 해를 끼치는 것보다 그들 자신에게 해를 끼치는 것이 더 크며, 누구든지 하나님의 심판을 피할 수 없다. 네 눈을 하나님께 고정시켜라. 말로 싸우지 말고, 지금 당장에 패하고 당한 것 같더라도 걱정하지 말고, 화를 내어 하늘에서 받을 상을 줄이지 마라. 그 대신 하늘에 있는 나를 향해 눈을 들어라. 나는 모든 곤란과 불의에서 너를 구원할 수 있고, 각 사람이 행한 대로 갚을 수 있다.

Chapter_37
완전한 자기 포기를 통해 자유로운 마음 얻기

예수 :

사랑하는 친구여, 너 자신을 버려라. 그리하면 나를 찾을 것이다. 네 의지와 모든 소유권을 포기해라. 그러면 항상 앞서 나갈 것이다. 네가 단번에 너 자신을 나에게 넘겨주는 순간 더 큰 은혜가 네 것이 될 것이기 때문이다.

제자 :

주님, 저는 얼마나 자주 저 자신을 포기해야 하며,

어떤 방법으로 저 자신을 버려야 합니까?

예수 :

큰일에나 작은 일에나 언제나 너 자신을 포기해라. 나는 네가 모든 것에서 벗어났기를 바란다. 이에 대해서는 예외가 없다. 내면과 외면 모두에서 네 의지가 전부 제거되지 않는 한, 우리가 어떻게 서로에게 속할 수 있겠느냐? 네가 이 일을 속히 할수록 더 좋고, 완전하고 성실하게 행할수록 나를 더욱 기쁘게 하고 더 많은 것을 얻게 될 것이다.

스스로 자기의 의지를 포기하는 사람들이 있지만, 그들은 조건을 붙인다. 그들은 하나님을 완전히 신뢰하지 않기 때문에 예상치 못한 상황에 대비하여 스스로 준비한다.

어떤 사람들은 처음에는 모든 것을 바쳤지만, 나중에는 유혹에 넘어져 예전 방식으로 돌아가서 미덕이 거의 발전하지 못한다. 이런 사람들은 무조건 자신을 포기하고 날마다 자신을 제물로 바치지 않으면, 순결한 마음의 참된 자유가 없고 나와 함께하는 기쁨의 친밀함의 선물도 얻지 못할 것이다. 이러한 완전한 자기 포기 없이는 우리 사이의 즐거운 연합은 지금이나 앞으로도 존재할 수 없다.

  나는 이것을 자주 너에게 말했고, 지금 다시 말한다. 너 자신에게서 벗어나라. 너 자신을 놓아버려라. 그러면 내면의 큰 평화를 누릴 것이다. 모든 사람을 위해 모든 것을 주고, 그들에게 아무것도 구하지 말고, 대가를 바라지 말고, 순수하고 주저 없이 나와 함께 서라. 그러면 나를 소유할 것이다. 너는 마음이 자유로울 것이며, 어떤 어둠도 너를 압제하지 못할 것이다. 이것을 위해 노력하고, 이것을 위해 기도하고, 이것을 갈망해라. 그러면 네가 모든 소유물을 벗어버리고 궁핍하게 되어 가난하게 된 예수를 따를 수 있다. 이는 네가 자신에 대하여 죽고 나와 함께 영원히 살게 하려 함이다. 그러면 너의 헛된 공상, 악한 생각, 쓸데없는 걱정이 모두 사라질 것이다. 모든 두려움이 사라지고 진정한 사랑이 자라날 것이다.

Chapter_38
행동을 통제하고 위기의 때에 하나님께로 달려가기

예수 :

사랑하는 친구여, 너는 이것을 부지런히 목표로 삼아야 한다. 어디에 있든 무엇을 하든 내적으로 자유롭고 자신의 주인이 되어야 한다. 모든 것이 너에게 복종해야지, 네가 그것들에게 복종해서는 안 된다. 너는 노예나 품꾼이 아니라 자기 행동의 주인이 되어야 한다. 너는 하나님 자녀의 운명과 자유를 향해 나아가는 자유롭고 참된 사람이 되어야 한다. 그런 사람들은 현재보다 영원한 것을 바라보는 사람이다. 그들은 왼쪽 눈으로 지나가는 사물을 본다. 오른쪽 눈으로는 하늘의 것을 본다. 그들은 세상의 사물에 매달리지 않고 매력을 느끼지 않는다. 오히려 그 모든 것을 최고 예술가이신 하나님의 의도대로 사용한다. 하나님은 피조물 중 하나도 목적 없이 남겨두신 일이 없다.

마찬가지로 어떤 경우나 일이 있더라도 네가 보고 듣는 것을 모두 믿지는 마라. 대신에 모세가 한 것처럼 해라. 빨리 성막으로 가서 주님과 상의해라. 그러면 현재와 미래의 많은 것에 대해 알고 돌아올 수 있게 해주는 하나님의 응답을 자주 듣게 될 것이다. 모세는 의심과 의문을 해결하기 위해 항상 성막에 의지했고, 위험을 완화하고 부도덕한 사람들을 다루는 데 도움을 받기 위해 기도했다.

그러므로 너도 마음속 은밀한 방에 피신하여 그곳에서 하나님의 도움을 간절히 구해야 한다. 여호수아와 이스라엘 자손은 먼저 주님께 의논하지 않았기 때문에 기브온 사람들에게 속았다. 그들은 감미로운 말을 너무 빨리 믿으며, 속히 아첨에 속았다.

Chapter_39
자기의 일에 지나치게 열심이어서는 안 됨

예수 :

친구여, 항상 네 염려를 나에게 전가해라. 그러면 내가 적절한 때에 그 문제들을 처리할 것이다. 내가 문제를 처리할 때까지 내가 기다리면 모든 일이 잘 풀리는 것을 목도할 것이다.

제자 :

주님, 모든 것을 기꺼이 주님께 맡기겠습니다. 왜냐하면, 이런 문제에 대한 제 생각은 별 소용이 없기 때문입니다. 앞으로 무슨 일이 일어날지 염려하지 않고, 주저 없이 저 자신을 주님께 바칠 수 있기를 바랍니다.

예수 :

사람은 자신이 원하는 것을 열심히 추구하지만, 일단 그것을 얻으면 그에 대해 다르게 느끼기 시작하는 경우가 많다. 사람이 좋아하는 것과 싫어하는 것은 항상 같은 상태로 유지되는 것은 아니다. 그 사람을 한 가지에서 다른 것으로 몰아간다. 그러므로 아주 작은 일에도 자신을 버리는 것이 매우 중요하다. 진정한 발전은 사랑을 자신에게서 타인에게로 향하게 하는 것에 있으며, 그렇게 한 사람은 극도로 자유롭고 매우 안전하다.

그러나 모든 선한 것을 반대하는 옛 원수는 유혹을 멈추지 않는다. 그는 밤낮으로 매복하여 의심하지 않는 사람을 공격하며 파멸로 몰아넣으려고 기다리고 있다. 나는 "시험에 들지 않게 깨어 기도하라" 하고 말했다.

Chapter_40
사람의 모든 선함은 하나님에게서 나옴

제자 :

주님, 사람이 무엇이기에 주님께서 그를 생각하시며 인자가 무엇이기에 주님께서 그를 찾아오십니까? 우리가 무엇을 했기에 주님의 은혜를 우리에게 주십니까? 주님, 주님이 저를 떠나셔도 제가 어떻게 불평할 수 있겠습니까? 제가 요구하는 것을 주님이 이행하시지 않아도 제가 무슨 말을 하겠습니까? 확실히 저는 다음과 같이 진심으로 생각하고 말할 수 있습니다. 주님, 주님 없이는 저는 아무것도 아닙니다. 저는 아무것도 할 수 없습니다. 저 자신에게는 좋은 것이 하나도 없습니다. 저는 모든 일에 결함이 많고 항상 방향성을 잃기 쉽습니다. 저는 제 깊은 곳에서 주님의 도움과 가르침을 받지 않으면 냉담하고 나태해집니다.

주님, 그러나 주님은 언제나 동일하십니다. 영원까지 주님은 항상 선하시고, 정의로우시며, 거룩하십니다. 주님은 정의와 거룩함으로 모든 일을 잘 하시며, 모든 일을 지혜롭게 행하십니다. 그러나 전진보다는 후퇴를 더 좋아하는 저는 끊임없이 한 상태에서 다음 상태로 흘러 다니며, 일곱 계절 동안 저를 혼란스럽게 만듭니다. 하지만 주님이 도움의 손길을 뻗으시면 상황이 좋아집니다. 오직 주님만이 다른 누구의 도움 없이도 저를 도우시고 힘을 주실 수 있기에 더는 이리저리 옮겨 다니지 않고 제 마음을 오직 주님께로 돌리고 주님 안에서만 안식을 찾을 수 있습니다.

따라서 제가 헌신을 위해 다른 모든 위안을 제쳐놓는 방법을 알았다면, 혹은 다른 누구도 저를 위로할 수 없기에 필연적으로 주님을 찾아야 한다고 느꼈다면, 저는 정당하게 주님의 은혜를 바랄 수 있고 새로운 영적 위로의 선물에서 다시 기뻐할 수 있습니다.

제가 잘되는 모든 일은 다 주님에게서 오는 것임을 감사드립니다. 저는 공허하고 무가치한 존재이며, 변덕스럽고 약한 사람입니다. 그러므로 저는 무엇을 자랑할 것이며, 높은 존경을 받기를 바라겠습니까? 분명 제 허무함을 위해서라곤 할 수 없습니다. 참으로 그것은 헛됩니다! 스스로 부풀린 자아 인식은 악한 역병이며, 자존심의 정점입니다. 왜냐하면, 그것은 진정한 영광에서 우리를 멀어지게 하고 하늘의 은혜를 빼앗기 때문입니다. 사람이 자신에게 만족하는 한 그는 주님을 불쾌하게 하고, 다른 사람의 칭찬에 입을 다물고 있는 한 그는 진정한 미덕을 박탈당합니다.

참된 영광과 거룩한 기쁨은 자기를 자랑하는 데 있지 않고 주님을 영화롭게 하는 데 있으며, 자신의 힘이 아니라 주님의 이름을 기뻐하는 데 있으며, 어떤 피조물에서도 기쁨을 찾지 않고 오직 주님을 위한 목적 안에서 기쁨을 찾는 데 있습니다. 제 이름이 아니라 주님의 이름이 찬양받기를 원합니다. 제 일이 아니라 주님의 일이 찬양받기를 원합니다. 주님의 거룩한 이름이 찬양받게 하시고, 사람이 저를 찬양하지 않도록 하십시오. 주님은 저의 영광이요, 제 마음의 기쁨입니다. 저는 종일토록 주님 안에서 복을 받을 것입니다. 저는 나약함 외에는 자랑할 것이 없습니다. 사람들이 다른 사람들에게서 칭찬받기를 구하더라도, 저는 오직 하나님께만 칭찬받기를 구하겠습니다.

주님의 영원한 영광에 비하면, 인간의 모든 영광과 현세의 명예와 세상의 모든 명예는 헛되고 어리석습니다. 오 하나님, 복되신 삼위일체, 진리, 자비이신 주님께만 찬양과 존귀와 능력과 영광이 영원무궁토록 있기를 원합니다.

Chapter_41
세상의 모든 명예를
아무것도 아닌 것으로 보기

예수 :

 사랑하는 친구여, 다른 사람이 존경받고 높아지고, 너 자신은 멸시받고 굴욕을 당하는 것을 보아도 물러서지 마라. 하늘에 있는 나에게 네 마음을 바쳐라. 그리하면 더는 슬퍼하지 않을 것이다.

제자 :

 주님, 우리는 눈이 멀었고 헛된 것에 쉽게 유혹받습니다. 저 자신을 자세히 살펴보면, 제가 주님께 정당하게 불평할 만큼 어떤 피조물도 저에게 해를 끼친 적이 없다는 것을 알았습니다. 그러나 제가 주님께 자주 큰 죄를 지었으니, 모든 피조물이 저를 대항하여 무장하는 것이 마땅합니다. 그러므로 혼란과 멸시가 나의 정당한 벌이요, 찬송과 존귀와 영광은 주님께 돌립니다.

제가 이것을 준비하고 기꺼이 모든 피조물에게 경멸과 버림을 받고 절대적인 존재로 여겨지지 않으면, 결코 내면의 평화와 안정을 찾을 수 없을 것이며, 영적으로 깨달음을 얻거나 주님과 완벽하게 하나가 될 수도 없을 것입니다.

Chapter_42
평화는 다른 사람들에게 달려 있지 않음

예수 :

사랑하는 친구여, 네 평화가 다른 사람과의 상호 사랑과 우정에만 달려 있다면, 네 뿌리는 엉키고 얕아질 것이다. 그러나 네가 영원히 살아 있고 깊이 뿌리박힌 진리에 의지할 수 있다면, 네 친구가 너를 떠나야 하거나 죽을 때에도 슬퍼하지 않을 것이다.

친구에 대한 사랑은 내 안에 뿌리를 내려야 한다. 그 사람이 아무리 좋아 보여도, 네가 이생에서 그 사람을 얼마나 아껴주든, 너는 나를 위해 그 사람을 사랑해야 한다. 내가 없으면 친구와의 우정은 강하지도 지속되지도 않으며, 내가 너희 둘을 묶지 않으면 그것은 진실하고 순수한 사랑이 아니다.

인간의 모든 애정과 우정은 내가 너를 향한 사랑을 반영한다. 너는 다른 유의 우정을 원하지 않아야 한다. 진정한 우정은 선물이다. 우정은 네 마음에 뿌리를 내리고, 네가 우정의 깊이를 더 할수록 하나님께 더 높이 올라갈 수 있다. 우정은 은혜이며 겸손과 사랑으로 보살펴져야 한다. 이에 감사해라. 그러면 성령께서 계속 너에게 복 주실 것이다.

네 친구들을 향한 우정이 나를 향한 네 사랑을 방해하지 않도록 조심해라. 친구들을 첫째로 두고 하나님을 둘째로 두는 것은 쉽다. 피조물을 보면 창조주를 잊어버리기 쉽다. 다른 모든 것과 마찬가지로, 우정에서도 모든 선의 원천이자 근원이신 하나님을 항상 최우선에 두어라.

Chapter_43
오만한 배움에 반대하라

예수 :

내 친구여, 화려한 단어나 교묘한 문구가 네 관심과 호기심을 불러일으키지 않도록 해라. 하나님의 나라는 말에 있지 아니하고 오직 능력에 있다. 마음에 불을 붙이고 정신을 계몽시키며 양심을 찌르고 아낌없이 위로하는 내 말에 귀를 기울여라.

단지 더 많이 배웠거나 현명해 보이려고 책을 읽지 마라. 오히려 네 악덕을 근절하는 법을 배워라. 왜냐하면 이것이 어려운 질문의 전체 목록에 대한 답을 아는 것보다 네게 더 도움이 될 것이기 때문이다. 네가 많은 것을 읽고 배웠을 때 너는 항상 하나의 근원으로 돌아와야 한다. 나는 지식을 주는 자이다. 온유하고 겸손한 자에게 누구보다도 더 분명한 깨달음을 주는 자도 나다. 내 말을 듣는 사람은 빨리 지혜로워지고 영적인 삶에서 크게 발전할 것이다.

그러나 나를 섬기는 것을 소홀히 여기고 난해한 학문만을 탐구하는 자들에게 화가 있을 것이다. 선생들의 선생이요, 천사들의 주인인 그리스도가 마지막 시험을 위해 나타나 각 사람의 양심을 살피는 때가 올 것이다. 그때 그는 등불로 예루살렘을 비추고 어둠 속에 숨겨진 것들을 드러낼 것이며, 학식이 풍부하지만 서로 다투는 학자들은 모두 잠잠해질 것이다.

나는 10년 동안 대학원에서 공부한 그 누구보다 영원한 진리의 원리를 더 잘 이해하도록 겸손한 마음을 단번에 일으킬 수 있는 자이다. 나는 말소리 없이, 의견의 혼동 없이, 지위의 오만함 없이, 논쟁의 다툼 없이 가르친다. 나는 너희 각 사람에게 세상의 가치관을 가볍게 여기고, 대중의 관심사를 멀리하고, 영원한 것을 추구하고, 영원한 것을 맛보고, 세상의 명예를 피하고, 비방을 견디고, 나에게 모든 소망을 두라고 가르치는 자이다. 그리고 무엇보다도 불타는 열정적인 사랑으로 나를 사랑하도록 가르치는 자이다.

한때 나를 진심으로 사랑한 사람이 있었는데, 그는 신성한 것들을 배우고 그것에 대해 가장 훌륭하게 말했다. 그는 훌륭한 구별법을 연구하는 것보다 겸손을 통해 더 많은 것을 배웠다. 나는 어떤 사람들에게는 모든 이에게 명확한 것을 말하며, 다른 사람들에게는 그들에게만 해당되는 것을 말한다. 어떤 사람들에게는 은유와 상징을 통해 부드럽게 나 자신을 알리며, 또 다른 사람들에게는 숨겨진 신비를 놀랍도록 선명하게 드러낸다. 책은 하나의 교훈을 가르치지만, 모든 사람에게 똑같이 가르치는 것은 아니다. 나는 네 안 깊은 곳에서 마음을 살피고 생각을 읽고, 행동하도록 하고, 각 사람에게 적합하다고 여기는 대로 총명을 주는 자이다.

Chapter_44
우리의 일 생각하기

예수 :

내 친구여, 네 인생에는 그냥 지나쳐야 할 일들이 많다. 영적인 삶이 성장하고 싶다면 세상의 일에 얽매여서는 안 된다. 소음과 혼란, 권력과 부의 유혹에서 벗어나 혼자만의 시간을 찾아야 한다. 너는 또한 많은 것들에 귀를 기울이지 말고 네 평안에 도움이 되는 것들을 생각해야 한다. 네 목적을 방해하는 것으로부터 눈을 돌리는 것이 좋다. 조용히 각자의 의견에 맡기고 논쟁을 벌이는 일을 피해라. 네가 하나님의 편에 서고 그분의 길을 존중한다면, 이 일을 더 쉽게 할 수 있을 것이다.

제자 :

오 주님, 우리는 무엇에 이르렀습니까? 보십시오! 우리는 사소한 손실에도 많은 눈물을 흘립니다. 사소한 이득을 위해 분주하고 뼈 빠지게 일하지만, 우리 영혼의 상처는 곧 잊히고, 실제로 거의 생각조차 하지 않습니다! 우리는 중요하지 않은 것에 집착하고, 가장 중요한 것을 부주의하게 건너뜁니다. 사람의 온 존재는 세상의 모래사장에 빠져들고, 빨리 빠져나오지 않으면 진흙탕에 깊숙이 빠져들게 됩니다.

Chapter_45
듣는 것을 다 믿어서는 안 됨

제자 :

주님, 환난 중에 저를 도와주십시오. 주님의 도움 외에는 도움이 되는 것은 없습니다. 제가 확신했던 곳에서 충성이 사라진 일이 얼마나 많았으며, 예상치 못한 곳에서 충성을 찾았던 일이 얼마나 많았는지 모릅니다! 다른 사람에게 구원을 바라는 것은 어리석은 일입니다. 오 하나님, 의로운 자의 구원은 오직 주님 안에 있습니다.

오 주님, 나의 하나님, 우리에게 일어나는 모든 일로

인하여 주님이 찬양받기를 원합니다. 우리는 약하고 불안정하여 쉽게 실수하고 진로를 바꿉니다. 매사에 그토록 세심하게 행동하여 절대로 실수하지 않고 의심하지 않을 수 있는 사람이 어디 있겠습니까? 주님, 그러나 주님을 신뢰하고 단순한 마음으로 주님을 찾는 사람은 그렇게 쉽게 넘어지지 않습니다. 그리고 만일 그런 사람이 어려움에 빠지더라도(문제가 얽히고설켜 매우 어려워져도), 그는 곧 그 문제에서 벗어나거나 주님의 위로를 받을 것입니다. 왜냐하면, 주님은 끝까지 주님을 신뢰하는 사람을 버리시지 않기 때문입니다.

모든 어려움 속에서도 친구의 편이 되어주는 충성스러운 친구를 찾기는 어렵습니다. 주님, 주님만이 모든 일에 가장 신실하십니다. 주님과 같은 사람은 없습니다. 오, "내 마음이 그리스도 안에 확고히 자리 잡고 터를 잡았습니다."라고 말한 그 거룩한 영혼은 정말 지혜롭습니다. 만일 제가 그랬다면, 인간적 두려움이 저를 그렇게 쉽게 실망하게 하지 못했을 것이고 날카로운 말이 저를 그렇게 화나게 하지도 않았을 것입니다. 누가 모든 것을 예측할 수 있고, 누가 앞으로 다가올 불행을 예방할 수 있겠습니까? 만일 우리가 기대하는 일이 종종 우리에게 상처를 준다면, 우리가 기대하지 않는 일이 어떻게 더 상처를 주지 않겠습니까? 저는 왜 저 자신에게 더 나은 것을 제공하지 않았을까요? 그리고 저는 왜 다른 사람들에게 그렇게 많이 의존했을까요? 결국 우리는 인간일 뿐입니다. 많은 사람이 우리를 천사로 생각하고 심지어 천사라고 부르는데도 우리는 연약한 남녀일 뿐입니다!

주님, 제가 주님 외에 누구를 의지해야 합니까? 주님은 속이거나 속을 수 없는 진리이십니다. 정반대로, 우리는 모두 거짓말하고, 약하고, 불안정하고, 변덕스럽습니다. 특히 우리가 하는 말에 있어서는 더욱 그렇습니다. 종종 우리는 실제로 들리는 것처럼 보이는 것조차도 믿을 수 없습니다. 적어도 처음에는 그렇지 않았습니다. 주님은 남의 말을 조심하고 사람의 원수가 자기 집안 식구일 때가 많다는 것을 참으로 지혜롭게 경고하셨습니다. 우리와 가까운 사람이 "보십시오, 주님이 여기 계십니다!"라고 말하거나 "보십시오, 주님이 저기 계십니다!"라고 말할지라도, 우리는 굳이 그를 믿어서는 안됩니다.

저는 큰 비용을 들여 교훈을 얻었습니다. 저는 그 교훈이 저를 더 조심하게 만들고 저의 어리석음을 증가시키지 않게 되기를 바랍니다. 어떤 사람이 저에게 "조심하세요. 내가 주님에게 말하는 것을 지키세요."라고 말한 적이 있습니다. 저는 침묵하고 그것이 비밀이라고 믿었습니다. 그러나 그 사람은 저에게 지키라고 한 비밀을 지키지 않았습니다. 그는 곧 나와 자신을 모두 배신하고 제 갈 길을 갔습니다! 주님, 이 모든 험담과 부주의한 사람들에게서 저를 보호하십시오. 저는 그들의 손에 빠지고 싶지도 않고 그들이 하는 것처럼 행하고 싶지도 않습니다. 진실하고 정직한 말만 하게 하십시오. 제가 교활한 수사를 멀리하도록 하십시오. 제가 남에게 피해를 당하고 싶지 않은 일은 저 자신도 하지 말아야 합니다!

다른 사람에 대해 침묵하고 소문을 믿지 않고 퍼뜨리지 않는 것은 매우 선하고 평화롭습니다. 소수의 사람에게만 의지하고 제 마음을 살피시는 주님을 항상 찾는 것은 매우 좋습니다. 험담의 세찬 바람에 휩쓸리지 않고 우리 안팎의 모든 일이 주님 뜻대로 이루어지길 바라는 것은 매우 공평한 일입니다. 공개적인 과시를 피하고, 다른 사람들에게 감탄을 불러일으키는 일을 피하고, 우리의 삶을 더 좋게 하고 우리의 헌신을 증가시키는 모든 것을 끊임없이 추구하는 것은 하늘의 은혜를 보존하는 데 매우 확실한 것입니다. 자신의 미덕을 너무 빨리 인정하고 칭찬함으로써 해를 입은 사람들이 얼마나 많은지 모릅니다. 참으로, 저는 이 연약한 삶과 연이은 시험과 갈등이 있는 삶에서 은밀하게 지켜졌을 때 큰 은혜를 얻었습니다.

Chapter_46
날카로운 말로 우리를 공격할 때 하나님 신뢰하기

예수 :

사랑하는 친구여, 굳건히 서서 나를 믿어라. 말이 아니고 무엇이겠는가? 말은 공중으로 날아가지만, 아무것도 다치게 하지 않는다. 네게 잘못이 있다면, 곧 너 자신을 바로잡을 생각을 해라. 네 양심이 깨끗하면, 하나님을 위해 비판을 기꺼이 참을 생각을 해라. 이따금 네가 가혹한 말을 들어야 하는 것은 아직 가혹한 타격을 견딜 수 없는 네게 작은 일이 아니다.

그리고 네가 아직 세상에 뿌리를 내리고 있어야 할

것보다 다른 사람들의 의견에 더 많은 관심을 기울이지 않는 한, 왜 그런 작은 것들이 네 마음에 와닿아야 하는 것이냐? 너는 미움을 받을까 봐 두려워서 네 잘못에 대해 비난받기를 꺼리고 변명 속에 숨어 있다. 그러나 너 자신을 잘 살펴보면, 너는 여전히 세상의 가치관으로 가득 차 있고, 다른 사람을 기쁘게 하려는 공허한 사랑을 갖고 있음을 알게 될 것이다. 네가 실패를 인정하지 않고 남의 낮춤에도 불만을 품는다면, 그것은 진정한 겸손이 아님을 분명하게 드러내는 것이며, 세상물정에 여전히 너무 깊이 젖어있는 것이다. 내 말에 귀 기울여라. 그리하면 남의 수많은 말은 신경 쓰지 않게 될 것이다.

보아라. 가장 사악한 마음이 꾸며낼 수 있는 모든 것이 너에게 불리하게 들리고, 네가 그 모든 것을 그냥 지나치고 그것이 지푸라기보다 더 가치가 없다고 생각한다면, 그것은 너에게 아무 해도 끼치지 못한다. 그것들이 네 머리털 하나라도 뽑을 수 있겠느냐? 그러나 마음을 내면에 두지 않고 하나님을 눈앞에 두지 않는 사람은 비난을 받을 때 쉽게 짜증을 낸다. 그러나 나를 신뢰하고 자기 판단을 따르지 않으려는 사람은 아무도 두려워하지 않는다. 왜냐하면, 나는 재판관이고 모든 비밀을 아는 자이기 때문이다. 나는 무슨 일이 일어났는지 안다. 나는 해를 입히는 사람과 고통을 겪는 사람을 알고 있다. 그 발언된 특별한 말은 나를 통해 나갔다. 내가 허락한 대로 된 것은 많은 사람의 생각이 드러나게 하려 함이다. 나는 유죄인 사람과 무죄한 사람을 심판할 것이지만, 나만 아는 재판에서 그들을 먼저 재판하고자 한다.

인간의 증거는 종종 오해를 불러일으킨다. 내 심판은 진리이다. 내 심판은 굳건하며 무너지지 않을 것이다. 대다수의 경우 그것은 숨겨져 있고 소수에게만 알려지지만, 어떤 사람들의 눈에는 옳지 않게 보일지라도 그것은 결코 잘못된 것이 아니며 잘못된 것일 수도 없다. 그러므로 너는 모든 결정에 있어서 나에게 와야 하며 너 자신의 판단에 의존해서는 안 된다. 의로운 사람은 하나님에게서 오는 어떤 일에도 괴로움을 당하지 않을 것이다. 어떤 부당한 비난이 그에게 불리하게 흘러가더라도 그는 크게 신경 쓰지 않을 것이며, 다른 사람들이 자신의 비난을 면해 줄 타당한 이유를 찾아도 어리석게 기뻐서 뛰지 않을 것이다. 의로운 사람은 내가 사람의 마음과 감정을 살피며, 단지 겉모습이나 처음 보이는 것만 보고 판단하지 않는다는 것을 안다. 종종 내가 비난할 만큼 잘못된 것처럼 보이는 일도 네 눈에는 칭찬할 만한 일일 수 있다.

제자 :

오 주 하나님, 공의로우신 재판관이시며 강하고 오래 참으시며 다른 사람들의 약함과 패역함을 아시는 분이시여, 제 양심만으로는 부족하니 주님께서 저의 힘과 모든 신뢰가 되어 주십시오. 주님은 제가 모르는 것을 아십니다. 그러므로 제가 비판을 받을 때마다 겸손하고 온유하게 참도록 하십시오.

주님의 자비로 제가 그렇게 하지 못한 것을 용서해 주시고, 앞으로도 더 견딜 수 있는 은혜를 주십시오. 용서를 구함에 있어서, 제가 옳다고 생각하는 제 생각에 기초한 자기방어보다 주님의 풍성한 자비가 저에게 더 좋습니다. 비록 제가 무슨 잘못을 했는지도 모르지만, 이것으로 저 자신을 정당화할 수는 없습니다. 이는 주님의 긍휼이 거두어지면, 살아 있는 사람이 주님 앞에 의롭다고 인정받을 수 없기 때문입니다.

Chapter_47
영생을 위해 모든 짐을 견뎌야 함

예수 :

내 친구여, 네가 나를 위해 한 일로 인해 낙담하지 말고 고난이 너를 낙심하게 하지 마라. 대신에 항상 내 약속으로 강해지고 위로받아라. 나는 모든 한계를 넘어 너에게 보답하기에 충분하다. 너는 여기서 오랫동안 수고하지 않을 것이며 항상 슬픔을 겪지 않을 것이다. 조금만 기다리면 모든 시련이 빨리 끝나는 것을 볼 것이다. 더는 피와 땀과 눈물이 없는 시대가 올 것이다. 시간이 흐르면서 사라지는 모든 것은 별로 중요하지 않으며, 빨리 사라진다.

무엇을 하든 최선을 다해라. 내 포도원에서 성실하게 일해라. 그러면 내가 너의 상급이 될 것이다. 쓰고, 읽고, 노래하고, 애도하고, 침묵하고, 기도하고, 용기를 가지고 역경을 견디라. 영생은 이 모든 전투와 그 이상의 가치가 있다. 오직 주만 아는 날에 평안이 온다. 지금 우리가 아는 것과 같은 낮이나 밤이 아니라, 영영한 빛과 무한한 빛과 변함없는 평안과 안전한 안식이 있을 것이다. 그러면 너는 "누가 나를 이 사망의 몸에서 구원할 것인가?"라고 말하지 않을 것이다. 또한, 너는 "내가 이렇게 오래 산 것이 나에게 화로다."라고 부르짖지 않을 것이다. 왜냐하면, 사망은 사라지고, 건강은 끊어지지 않을 것이기 때문이다. 그때는 근심이 더는 없고 오직 복된 기쁨과 달콤하고 즐거운 교제만이 있을 것이다.

아, 하늘에 있는 성도들의 영원한 면류관과 그들이 지금 얼마나 많은 영광을 누리고 있는지 볼 수만 있다면, 살아 있을 때 세상의 멸시를 받고 숨 쉴 자격도 없다고 여겨졌던 바로 그 성도들이 지금 얼마나 많은 영광을 누리고 있는지 볼 수 있다면 얼마나 좋을까! 너는 의심할 바 없이 곧 자신을 흙먼지까지 낮추고 누구의 주인이 되기보다는 오히려 모든 사람의 종이 되기를 원할 것이다. 너는 이생의 즐거운 나날을 바라지 않고 오히려 하나님을 위해 어떤 고난도 견디는 것을 기뻐하고 모든 사람의 겸손한 종으로 여겨지는 것을 가장 큰 이익으로 여기기를 원한다.

아, 만약 네가 이러한 생각을 좋아하고 그것이 네 마음 깊숙이 스며들도록 한다면, 어떻게 한 번이라도 불평할 수 있겠느냐! 모든 고통스러운 수고는 영원한 생명을 위해 견뎌야 하는 것이 아니냐? 하나님의 왕국을 잃거나 얻는 것은 작은 일이 아니다! 그러므로 하늘을 향하여 얼굴을 들어라. 나와 함께 있는 나의 모든 성도를 보아라. 그들은 이 세상에서 큰 싸움을 한 자들이다. 그들은 이제 기뻐하고, 이제 위로를 받고, 이제 안전하고, 이제 쉬고 있으며, 내 아버지의 나라에서 나와 함께 영원히 머물 것이다.

Chapter_48
삶과 영원

제자 :

 오, 가장 위대한 성의 가장 축복받은 집이여! 오, 가장 빛나는 영원의 날, 결코 밤에 가려지지 않고 언제나 가장 높은 진리의 빛으로 가득 차게 되는 날이여! 오, 낮은 항상 행복하고, 항상 안전하며, 결코 밤으로 바뀌지 않습니다! 아, 오늘이 밝아오고 이 모든 지나가는 일들이 끝나면 얼마나 좋을까요? 참으로 그날은 찬란하고 영원한 빛으로 성도들 위에 비춰집니다. 그러나 아직 땅에서의 순례를 하는 우리에게 그것은 멀리서만 보이고 유리를 통해서만 어둡게 보입니다. 천국 백성들은 그날이 얼마나 기쁜지 알지만, 우리 불쌍한 하와의 추방된 자녀들은 이날이 쓸쓸하고 괴로운 날임을 슬퍼합니다.

이 생애의 날은 짧고 악하며 슬픔과 비참함으로 가득 차서 사람이 많은 죄로 더러워지고, 많은 정욕에 얽매이고, 많은 두려움에 묶이고, 많은 근심에 허덕이고, 많은 호기심에 사로잡히고, 많은 헛된 일에 얽매이고, 많은 실수에 둘러싸이고, 많은 수고로 약해지고, 유혹에 짓눌리고, 쾌락에 무너지고, 궁핍으로 괴로워합니다.

아, 하나님의 계획에서 어긋난 이 모든 일이 언제 끝나겠습니까? 저는 언제 제 죄의 비참한 종살이에서 풀려날 수 있습니까? 주님, 제가 언제 주님만 생각하겠습니까? 제가 언제 주님 안에서 온전히 기뻐할 수 있겠습니까? 제 앞을 가로막는 어떤 것도 없이, 내면의 혼란과 갈등 없이 저는 언제 진정으로 자유로울 수 있겠습니까? 저는 언제 확고한 평화를 찾을 수 있겠습니까? 고요하고 안전한 평화, 안팎의 평화, 모든 면에서 확고한 평화를 언제 찾을 수 있겠습니까? 오 선하신 예수님, 제가 언제 주님과 대면하여 뵙겠습니까? 제가 언제 주님 나라의 영광을 묵상하겠습니까? 주님은 언제 저에게 모든 것이 될 것인가요? 아, 주님이 영원부터 주님의 사랑하는 사람을 위해 준비하신 나라에서 제가 언제 함께 있겠습니까?

저는 날마다 전쟁과 큰 불행이 벌어지는 적대적인 땅에서 가난하고 떠돕니다. 떠도는 저를 위로해 주십시오. 저의 모든 소망이 주님을 갈망하니 저의 슬픔을 덜어 주십시오. 이 세상이 저에게 위로를 위해 제공하는 모든 것은 짐입니다. 저는 제 존재의 가장 깊은 곳에서 주님을 포옹하고 싶지만, 주님을 붙잡을 수 없습니다. 저는 하늘의 것을 붙잡고 싶지만, 이 세상의 것들과 훈련되지 않은 저의 정욕이 저를 끌어당깁니다. 제 마음으로는 모든 것 위에 올라가기를 원하지만, 제 뜻과는 달리 저는 그것들에 복종합니다. 그래서 불행한 사람인 저는 저 자신과 씨름하고 저 자신에게 짐이 됩니다. 왜냐하면, 영은 위로 올라가지만, 저의 나머지는 아래로 끌려가기 때문입니다.

아, 제 마음은 매우 고통스럽습니다! 제 마음이 하늘의 일을 생각하는 동안, 무질서한 육욕적인 생각들이 제 기도를 방해합니다. 오 하나님, 저를 멀리하지 마십시오. 진노하실 때도 주님의 종에게서 떠나지 마십시오. 주님이 번갯불을 번쩍이시면 악한 생각들이 흩어질 것입니다. 주님의 화살을 쏘아 원수의 영들을 모두 혼란에 빠뜨리십시오. 제가 다시 주님을 생각하도록 해주십시오. 주님이 아닌 모든 것을 잊게 해주십시오. 사악한 영들을 쫓아낼 수 있도록 도와주십시오. 제가 그것들을 경멸할 수 있도록 도와주십시오. 영원한 진리이시여, 어떤 허영심도 저를 유혹하지 않도록 저를 도우십시오. 천상의 사랑이시여, 오십시오. 모든 불순한 것이 주님 앞에서 도망가게 하십시오.

또한, 저를 용서해 주시고, 제가 기도하는 동안 주님 외에 다른 생각을 하게 된 것을 자비롭게 용서하여 주십시오. 진실로 저는 제 마음이 방황하는 습관을 갖고 있었음을 고백합니다. 제 마음은 제 몸이 있는 곳이 아니라 제 생각이 저를 데려가는 곳에 있는 경우가 많습니다. 저는 제 생각이 있는 곳에 있고, 제 생각은 대개 제가 가장 관심을 갖는 것들과 함께 거기에 있습니다. 제 생각에 가장 빨리 떠오르는 것은 자연스럽게 저를 기쁘게 하는 것, 습관을 통해 저를 기쁘게 하는 것입니다. 거기서 진리이신 주님께서 "네 보물 있는 곳에는 네 마음도 있으리라" 하고 분명히 말씀하셨습니다.

제가 천국을 사랑하면, 천국의 일을 기쁘게 생각하게 됩니다. 제가 주님 대신 세상을 사랑하면, 주님을 제 마음에서 쫓아내고 세상의 행복으로 기뻐하고 세상의 환난으로 슬퍼하게 됩니다. 제가 몸을 사랑하면, 저의 상상은 종종 몸에 머뭅니다. 제가 영을 사랑하면, 영적인 일을 생각하기를 좋아합니다. 제가 사랑하는 것이 무엇이든, 저는 열심히 이야기하고 듣고, 그것에 대한 정신적 이미지를 만들어 냅니다.

그러나 주님만을 바라보는 사람 곧 자신의 뒤틀린 본성에 맞서 싸우며 강렬한 영적 욕망을 통해 자신의 마음에 흐르는 통제되지 않은 모든 생각과 욕망을 나무에 못 박는 사람은 복이 있습니다. 그러면 그는 고요한 양심을 가지고 주님에게 흠 없는 기도를 드릴 것입니다. 그 후 그는 안팎의 모든 방해 요소로부터 자신을 차단함으로써 천사 찬양단에 속하기에 합당한 사람이 될 수 있습니다.

Chapter_49
영생과 그 약속에 대한 갈망

예수 :

 사랑하는 친구여, 위로부터 영원한 행복을 바라는 마음이 네게 쏟아져 들어오는 것을 느낄 때, 그리고 네 육신을 뒤로하고 변함없이 그늘지지 않는 나의 광채를 바라보기를 갈망할 때, 네 마음을 활짝 열고 깊은 갈망으로 이 거룩한 영감을 받아라. 너를 그토록 은혜롭게 대하시고, 자비로 찾아오시고, 따뜻하게 격려하시고, 힘차게 들어 올려주시는 하나님의 선하심에 최대의 감사를 드려라. 그것이 없으면 너 자신의 무게가 너를 끌어내릴 것이다. 왜냐하면, 네가 이 선물을 받는 것은 너 자신의 생각이나 노력에 의한 것이 아니라 오직 하늘의 은혜와 너를 향한 하나님 사랑의 은총에 의한 것이기 때문이다. 너는 미덕과 겸손이 자라도록 하고, 다가올 어려움에 대비하고, 온 마음을 다해 나를 붙잡고, 불타는 열망으로 나를 섬기기 위해 그 선물을 받는다.

내 친구여, 불은 자주 타지만 연기가 없으면 불꽃은 위로 올라가지 않는다. 마찬가지로, 어떤 사람들은 하늘의 것들에 대한 뜨거운 열망을 갖고 있지만, 자신의 마음 깊은 곳에 뿌리박힌 감정에서 아직 자유롭지 못하다. 그러므로 그들이 하나님께 그토록 간절히 구하는 것은 하나님을 공경할 뿐 아니라 자신을 만족시키기 위한 것이기도 하다. 비록 네가 그렇지 않다고 주장할지라도, 이것은 종종 너에게도 해당되는 경우다. 사리사욕으로 오염된 것 중 순수하고 완전한 것은 없다. 너에게 기쁘고 유익이 되는 것을 구하지 말고, 나를 기쁘게 하고 영화롭게 하는 것을 구해라. 네가 사물을 제대로 본다면, 자신의 욕망보다는 나의 갈망을 따르는 것이 더 나을 것이다.

나는 네가 무엇을 원하는지 알고 있으며, 네 빈번한 한숨을 들었다. 너는 지금 하나님 자녀들의 영광스러운 자유에 참여하기를 원한다. 너는 이미 영원한 본향 곧 천국에 가 있는 것을 기뻐하고 즐거워할 것이다. 그러나 그때는 아직 이르지 않았다. 이는 아직 다른 때 곧 투쟁의 때요 수고와 시험의 때가 있기 때문이다.

너는 최고의 선으로 가득 차기를 원하지만, 지금은 그것에 도달할 수 없다. 나는 최고의 선이다. 여호와 하나님의 나라가 임할 때까지 나를 기다리라고 말씀하셨다. 너는 아직도 많은 면에서 시험받고 단련되어야 한다. 때때로 위로가 네게 주어질 것이지만, 완전히는 아닐 것이다. 그러므로 용기를 갖고 네 자연스러운 감정에 어긋나는 일을 행하고 견디는 데 강해져라. 너는 새로운 사람이 되어야 하고, 다른 사람으로 변해야 한다. 하기 싫은 일은 자주 해야 하고, 하고 싶은 일은 때로 미뤄두어야 한다. 다른 사람을 기쁘게 하는 일은 성공할 것이지만, 너를 기쁘게 하는 것은 성공하지 못할 것이다. 다른 사람들이 말하는 것은 받아들여질 것이지만, 네가 말하는 것은 받아들여지지 않을 것이다. 다른 사람들은 구하고 받을 것이지만, 너는 구하는 것을 아무것도 받지 못할 것이다. 다른 사람들은 칭찬받을 것이지만, 너는 무시당할 것이다. 다른 사람들은 이런저런 책임을 맡게 될 것이지만, 너는 쓸모없다고 여겨질 것이다.

때로는 이 모든 것이 자연스럽게 너를 화나게 할 수도 있지만, 조용히 참으면 너에게 큰 이익이 될 것이다. 이런 일과 이와 유사한 많은 일로 주의 충실한 종은 시험을 받는다. 종종 가장 어려운 시련은 네 의지에 어긋나는 일을 견디는 것과 관련이 있으며, 특히 너에게 요청받은 일이 어리석고 무의미해 보일 때 더욱 그렇다. 그리고 너는 수도자로서 복종해야 하고 더 높은 권위에 저항해서는 안 되기 때문에, 다른 사람의 명령에 따라 걷고 자기의 생각을 잊어버리는 것이 너에게는 어려운 것 같다. 그러나 네 노력의 결과와 그것이 얼마나 빨리 끝날지, 그리고 그에 수반될 큰 보상을 생각해 보아라. 그러면 불만이 없을 것이며, 네 인내에 대해 가장 강력한 위로를 얻게 될 것이다.

네가 지금 기꺼이 포기하는 그 작은 의지의 대가로 천국에서는 모든 일이 항상 네 뜻대로 될 것이다. 그곳에서 네가 원하는 모든 것, 네가 바랄 수 있는 모든 것을 발견하게 될 것이다. 그곳에서 너는 모든 좋은 것을 잃어버릴 염려 없이 누리게 될 것이다. 그곳에서 네 뜻은 나와 하나가 되어 외부적인 것이나 내가 아닌 것을 절대로 바라지 않을 것이다. 아무도 너를 반대하거나 너에 대해 불평하지 않을 것이며, 아무도 너를 방해하지 않을 것이며, 아무것도 네 길을 막지 않을 것이다. 대신에, 네가 바라는 모든 좋은 것이 동시에 네 앞에 있을 것이며, 모든 것이 네 사랑을 보충하고 넘치도록 가득 차게 될 것이다. 거기서 내가 네가 받은 모욕에 대해 영예를 주고, 네 슬픔에 대해 찬미의 옷을 입히고, 네 현재의 비천한 지위를 대신해 영원히 왕좌를 주겠다. 그곳에서 순종의 열매가 알려지게 될 것이다. 그곳에서 참회의 일은 기쁨으로 바뀔 것이다. 그리고 거기서 겸손한 순종은 영광스러운 면류관을 얻게 될 것이다.

그러므로 모든 사람에게 겸손히 몸을 굽혀라. 누가 무엇을 말했는지, 누가 네게 명령하는지 신경쓰지 마라. 윗사람이나 후배나 동급자가 무엇을 요구하든 그것을 순조롭게 받아들이고 그가 원하는 대로 최선을 다하기를 주의해라. 사람은 이것을 찾고 다른 사람은 저것을 찾도록 해라. 한 사람은 이것에서 영광을 구하고 다른 사람은 저기에서 영광을 구하고 수천수만 번 칭찬을 받도록 해라.

너는 이 중 어느 것도 가지고 있지 않다. 오직 깊은 겸손과 나만을 기쁘게 하고 존경하는 것만을 기뻐해라. 사나 죽으나 하나님이 너로 말미암아 항상 영광을 받으시도록 소망해라.

Chapter_50
외로운 사람이 자신을 하나님의 손에 맡기는 방법

제자 :

주 하나님, 거룩하신 아버지, 지금부터 영원히 찬양 받으십시오. 이는 모든 일이 주님이 뜻하신 대로 이루어지며, 주님이 하시는 일이 항상 선하기 때문입니다. 주님의 종이 주님에게서 기쁨을 찾을 수 있게 하시고, 저 자신이나 다른 사람에게서 기쁨을 찾지 못하게 하십시오. 주님만이 참된 기쁨이시기 때문입니다. 주님은 저의 소망이며 상급이십니다. 주님, 주님은 저의 기쁨이며 영광이십니다. 주님의 종이 주님에게서 받지 않으면 누구에게서 받겠습니까? 주님이 준 것과 주님이 만든 것은 모두 주님의 것입니다. 저는 가난하여 어려서부터 고난 속에 몸부림쳐 왔으며, 저를 에워싸는 정욕으로 괴로워할 때마다 제 영혼은 때로 눈물이 날 정도로 슬프기도 합니다.

저는 평화의 기쁨을 갈망합니다. 주님 위로의 빛으로 양육하시는 주님 자녀들의 평안을 간구합니다. 주님이 평화를 주시고 거룩한 기쁨으로 제게 넘치게 하시면, 주님 종의 영혼이 음악으로 가득 차고 주님을 찬양하는 데 열심이 될 것입니다. 그러나 자주 그러하듯이 주님이 저를 멀리하시면 주님의 종은 계명을 지킬 수 없을 것입니다. 오히려 그는 무릎을 꿇고 가슴을 칠 것입니다. 오늘은 주님의 등불이 그의 머리 위에 비치던 어제와 같지 않고, 주님의 날개 그늘에서 그가 유혹의 공격으로부터 보호받았기 때문입니다.

의로우시고 언제나 찬양받으실 아버지, 주님의 종이 시험받을 때가 왔습니다. 사랑하는 아버지, 이때에 주님의 종이 아버지를 위하여 고난을 받는 것이 마땅합니다. 항상 예배 받으시는 아버지여, 영원 전부터 주님이 아시던 그 시간이 이르렀습니다. 그때 주님의 종이 잠시 무너지고 압도당할 것이나 마음으로는 그 모든 일을 통하여 주님과 함께하려 합니다. 그는 잠시 다른 사람들의 눈에 비웃음과 굴욕을 당하고 없어질 것입니다. 그는 고통과 피로로 짓눌릴 것입니다. 이 모든 일은 그가 새 날의 새벽에 함께 일어나 하늘에서 영광을 받게 하려는 것입니다.

오 거룩하신 아버지여, 주님은 그렇게 되도록 선언하셨습니다. 이것이 주님의 뜻입니다. 그리고 주님이 이것을 이렇게 정하셨으므로 이것이 이루어졌습니다. 이것이 얼마나 자주, 어떤 수단으로, 어떤 사람에게서 왔든, 주님에 대한 사랑으로 인해 이 세상에서 고난과 해를 받는 것은 주님의 친구에게 은총입니다. 주님이 허락하시지 않고 사전에 아시지 못하면, 지구상의 어떤 일도 일어나지 않습니다.

주님, 주님이 저를 겸손하게 하셔서 제가 주님의 생각을 배우게 하시고 모든 교만과 오만함을 버리게 하신 것이 저에게 좋은 일입니다. 부끄러움이 제 얼굴을 덮은 것은 저에게 유익이 되며, 이것은 제가 다른 사람보다 주님을 의지하여 위로받게 하려는 것입니다. 저는 또한 선한 사람들과 악한 사람들 모두에 영향을 주면서도 공평과 정의 없이는 되지 않는 주님의 신비한 판단을 존경하는 법을 배웠습니다. 저의 결점을 눈감아 주지 않으시고 번민과 괴로움의 타격으로 저를 지치게 하시고 안팎으로 슬픔과 한계를 안겨주셔서 감사드립니다. 주 하나님, 주님 외에 천하에 저를 위로하실 이가 없습니다. 주님은 하늘에 계신 영혼의 의사요, 상하게 하시고 고치시며 깊은 데까지 끌어내리시고 다시 일으키시는 분이십니다.

주님의 징계가 저에게 임하고 주님의 매가 저를 가르칠 것입니다. 사랑하는 아버지, 보십시오. 저는 아버지 손에 있습니다. 저는 주님의 교정봉 아래 몸을 굽힙니다. 제 등과 제 목을 쳐서 비뚤어진 길을 주님 뜻에 맡깁니다. 주님이 다른 사람들에게 베풀어 주신 것처럼 저를 거룩하고 겸손한 제자로 삼아 주십시오. 제가 항상 주님의 최소한의 소원대로 행할 수 있게 하여 주십시오. 저는 저 자신과 저의 모든 것을 주님의 책망에 맡깁니다. 내세에서 책망받는 것보다 여기서 책망받는 것이 더 낫습니다.

주님은 모든 것을 알고 있습니다. 우리 양심에는 주님께 숨겨진 것이 없습니다. 주님은 미래가 일어나기 전에 그것을 알고 계시며, 우리가 지구상에서 일어나고 있는 일을 주님에게 상기시켜 줄 필요가 없습니다. 주님은 저의 영적 발전을 위해 무엇이 필요한지 알고 계십니다. 주님은 죄의 녹을 제거하는 데 얼마나 많은 환난이 도움이 되는지 알고 계십니다. 주님이 원하는 대로 저를 대해 주시고, 저의 죄스러운 삶에 등을 돌리지 마십시오. 주님은 누구보다 저를 더 잘, 더 분명하게 알고 계십니다.

주님, 제가 알아야 할 것을 알고, 제가 사랑해야 할 것을 사랑하고, 주님이 가장 기뻐하시는 것을 찬양하고, 주님이 보기에 가장 귀중해 보이는 것을 존중하고, 주님 눈에 가증한 것을 미워하게 해 주십시오. 저로 외모를 보고 판단하지 않게 하시고, 듣는 대로 정죄하지 않게 하시고, 오직 참된 판단으로 물질과 영을 분별하게 하시고, 무엇보다도 항상 아버지의 뜻을 알기를 구하게 하십시오.

우리의 감각은 종종 우리의 판단을 오도하며, 이 세상만을 사랑하는 사람들도 그들이 보는 것만을 사랑함으로써 기만당합니다. 다른 사람들이 그 사람을 그렇게 생각해서 그가 더 나아졌습니까? 속이는 사람은 속이는 사람을 속이고, 헛된 사람은 헛된 사람을 속이고, 눈먼 사람은 눈먼 사람을 속이고, 약한 사람은 약한 사람을 속입니다. 사실 그런 사람들은 서로 아첨할수록 서로를 더욱 속이게 됩니다. 겸손한 성 프란치스코가 말했듯이, "사람은 주님의 눈에 보이는 만큼만 위대하며 그 이상은 아닙니다."

Chapter_51
더 큰 일을 할 수 없을 때
겸손한 일을 해야 함

예수 :

사랑하는 친구여, 미덕에 대한 네 열망은 항상 뜨거울 수 없으며, 흔들리지 않고 묵상의 고상한 비행을 할 수 있는 것도 아니다. 원죄의 부패로 인해 때로는 자기의 뜻에 어긋나고 지치게 되어도 더 낮은 곳으로 내려가 썩어가는 삶의 짐을 지게 될 것이다. 네가 이 죽을 몸으로 세상을 떠도는 한 피곤함과 무거운 마음을 알게 될 것이다. 그러므로 네가 육신에 있는 동안에는 몸이 진 짐에 대해 자주 슬퍼해야 한다. 왜냐하면, 그 짐 때문에 너는 영적 생활과 신성한 묵상에 자신을 온전히 바칠 수 없기 때문이다.

    이런 일이 발생할 때, 겸손하고 평범한 일을 하고 선행으로 마음을 새롭게 하는 것이 네게 좋다. 내가 하늘에서 임함을 차분히 확신하며 기다리고, 내가 너에게 와서 모든 근심에서 해방할 때까지 네 유배 생활과 정신적 메마름을 참고 인내해라. 나는 네가 문제를 잊고 내면의 평화를 누리도록 해줄 것이다. 나는 성경의 즐거운 들판을 네 앞에 펼쳐 보여 마음을 열고 내 계명의 길을 달려갈 수 있도록 해줄 것이다. 그러면 너는 "현재의 고난은 장차 우리에게 나타날 영광과 비교할 수 없습니다."라고 말할 것이다.

Chapter_52
우리는 위로보다 징계를 받아 마땅한 사람들

제자 :

 주님, 저는 주님의 위로를 받을 자격도 없고 주님과 함께할 자격도 없습니다. 주님이 저를 가난하고 황폐하게 놔두실 때 주님은 제가 마땅히 받아야 할 대로만 저를 대하십니다. 비록 제가 많은 눈물을 흘려도 여전히 주님의 위로를 받을 자격이 없을 것입니다. 저는 채찍질과 벌을 받을 수밖에 없습니다. 저는 여러 번 주님에게 큰 죄를 지었고 많은 일에 주님이 기대하는 것에 미치지 못했습니다. 그러므로 정당한 이유에 따르면 저는 주님의 위로를 조금도 받을 자격이 없습니다.

그러나 관대하시고 자비로우신 하나님, 주님께서는 주님이 만드신 것들이 멸망하는 것을 원하지 않으십니다. 그리고 주님 자비의 그릇들에 대한 주님의 선하심의 풍성함을 보여주시고 주님의 종을 위로하시기 위해 몸을 굽히셨습니다. 이러한 위로는 측량할 수 없으며 제가 받을 자격을 초월하는 것입니다. 주님의 위로는 가장 유쾌한 인간적 대화와는 너무나 다릅니다! 주님, 제가 무엇을 하였기에 하늘에서 저를 위로해 주시는 것입니까? 저는 제가 행한 좋은 일이 아무것도 기억나지 않지만, 항상 악덕에 빠지고 제 길을 바꾸기를 꺼린 것을 기억합니다. 그것은 사실이고 부정할 수 없습니다. 저는 죄로 인해 지옥과 영원한 불 외에 무엇을 받을 자격이 있겠습니까? 사실 저는 제가 온갖 비웃음과 멸시를 받아 마땅하며, 주님께 헌신하는 사람들 가운데 포함되기에 합당하지 않다는 사실을 인정합니다. 그리고 설혹 제가 이 말을 마지못해 들었지만, 진실을 위해 제 죄를 인정합니다. 이는 제가 주님의 자비를 더 쉽게 구할 수 있도록 하기 위함입니다.

저처럼 죄 많고 혼란스러운 사람이 무슨 말을 하겠습니까? 제 입은 오직 이것밖에 말할 수 없습니다. "주님, 제가 죄를 지었습니다. 제가 죄를 지었습니다. 저를 불쌍히 여기시고 용서해 주십시오." 제가 어둡고 죽음의 안개로 뒤덮인 땅으로 가기 전에 슬퍼할 수 있는 짧은 시간을 주십시오. 죄 많고 비참한 죄인에게 가장 요구하시는 것은 그가 자신을 미워하고 자신의 실패로 인해 겸손해지는 것 외에 무엇입니까? 진정한 통회와 마음의 겸손 속에서 용서에 대한 소망이 생겨납니다. 괴로웠던 양심이 화해됩니다. 잃어버린 은혜가 회복됩니다. 우리는 미래의 진노로부터 구원을 받습니다. 그리고 하나님과 회개하는 영혼은 거룩하게 만나서 부둥켜안습니다.

죄에 대한 겸손한 슬픔은 주님께서 받으실 만한 제물이니, 타는 유향보다 주님 보시기에 훨씬 더 달콤합니다. 이것은 또한 주님이 주님의 거룩한 발에 붓고자 하신 기쁨의 향유입니다. 이는 주님이 통회하고 겸손한 마음에 결코 등을 돌리지 않으셨기 때문입니다. 원수의 화난 얼굴을 피할 피난처는 바로 여기입니다. 인생의 여정에서 쌓인 흙은 무엇이든 주님의 발 앞에서 씻깁니다.

Chapter_53
하나님의 은혜는 세상의 지혜와 섞이지 않음

예수 :

 사랑하는 친구여, 나의 은혜는 소중하다. 그것은 다른 것과 섞이는 것을 허용하지 않는다. 그러므로 은혜가 네 위에 부어지기를 원한다면, 은혜의 길을 가로막는 모든 것을 버려야 한다. 너 자신을 위한 조용한 장소를 찾고, 그곳에 혼자 머무르는 것을 좋아해라. 쓸데없는 잡담을 하지 말고, 네가 하나님을 실망하게 했을 때 깊은 슬픔을 느끼고 깨끗한 양심을 유지하는 데 정신을 집중할 수 있도록 하나님께 경건한 기도를 드려

라. 하나님 없이는 온 세상이 아무 것도 아니라고 여기고, 다른 어떤 것보다 하나님을 섬기는 것을 더 좋아해라. 너는 지나가는 공상으로 자신을 즐겁게 하는 동시에 나를 섬길 수는 없다. 네 친구들이나 가족과도 떨어져 있는 시간을 찾고, 이 세상의 안락함에 연연하지 마라. 이러한 이유로 복된 사도 베드로는 그리스도를 충실하게 따르는 사람들에게 이 세상에서 자신을 거류민과 나그네로 여기라고 지시했다.

아, 세상의 어떤 것에도 집착하지 않는 사람은 죽을 때 큰 확신을 가질 수 있다! 그러나 연약한 사람은 모든 것에서 마음이 끊어지는 것을 참을 수 없고, 세상에 집착하는 사람은 그렇지 않은 사람의 자유를 이해할 수 없다. 하지만 진정으로 영적인 삶을 살기를 원하는 사람은 하나님을 첫째 자리에 두어야 한다. 그리고 하나님을 최우선에 둔 그는 하나님의 사랑을 인생에서 가장 중요한 것으로 여겨야 한다. 하나님을 삶의 중심에 모시면 모든 일을 쉽게 이겨낼 수 있다. 완전한 승리는 하나님과 하나가 되는 것이다. 그는 자신을 다스리는 자이며 세상을 다스리는 자이다.

네가 이 높이까지 오르고 싶다면 용감하게 시작하여 도끼를 뿌리에 내려놓아야 한다. 자기중심적이고 이기적인 욕망을 향한 모든 움직임을 끌어당겨 파괴해라. 근본적으로 극복해야 할 모든 것은 자신을 세상의 중심으로 만드는 이 악에 뿌리를 두고 있다. 이 악이 정복되고 통제될 때 큰 평화와 평온이 뒤따를 것이다. 그러나 그런 식으로 자신을 초월하려고 노력하는 사람은 거의 없기에 그들은 여전히 섬유질 그물에 얽혀 있고 그들의 영혼은 결코 높이 날 수 없다. 나와 함께 자유롭게 걷고자 하는 사람은 모든 지나친 집착을 끝내고, 자기애에 사로잡혀 어떤 사람이나 피조물에도 집착하지 말아야 한다.

Chapter_54
본성과 은혜는 서로 다르게 움직임

예수 :

친구여, 본성과 은혜의 움직임에 특별한 주의를 기울여라. 왜냐하면, 그것들은 영적이고 내적으로 깨달은 사람이 아니면 거의 구별할 수 없을 정도로 매우 미묘하게 반대 방향으로 움직이기 때문이다. 확실히 모든 사람은 선한 것을 원하며, 자신이 말하고 행하는 모든 것에는 선한 것이 있다고 주장한다. 그러므로 많은 사람은 선하게 보이는 것에 속는다.

본성은 교활하고 많은 사람을 유혹한다. 본성은 그

들을 얽어매고 속이며, 결국은 늘 자기중심적이다. 그러나 은혜는 단순하게 행하며 모든 형태의 악에서 떠난다. 은혜는 거짓을 제공하지 않으며 모든 일을 최종 목표로 삼고 있는 하나님을 위해 순전히 행한다.

본성은 굴욕을 당하는 것, 견제받는 것, 압도당하는 것, 다른 사람보다 열등해지는 것, 순종의 멍에를 지는 것을 원하지 않는다. 그러나 은혜는 자기중심을 넘어서 성장하고, 관능에 저항하고, 순종하기를 원하고, 정복되기를 원하고, 자신의 자유를 행사하지 않고, 징계받기를 좋아하고, 누구도 지배하기를 원하지 않는 데 중점을 둔다. 은혜는 하나님 안에 살고, 머무르고, 아래 있기를 원한다. 은혜는 하나님을 위해 항상 모든 사람에게 겸손히 순종하려고 한다.

본성은 자신의 이익을 위해 일하고 다른 사람에게서 무엇을 얻을 수 있는지 살펴본다. 반면에 은혜는 자신에게 유익하고 쓸모 있는 것이 무엇인지 고려하지 않고 많은 사람에게 유익한 것을 고려한다. 본성은 명예와 존경을 기꺼이 받아들이지만, 은혜는 모든 명예와 영광을 하나님께 돌린다. 본성은 부끄러움과 멸시를 두려워하지만, 은혜는 예수의 이름을 위해 치욕을 기꺼이 감수한다. 본성은 게으르지만, 은혜는 생산적인 일을 기쁘게 찾는다. 본성은 기이하고 아름다운 것을 원하고 단순하고 천한 것을 싫어하지만, 은혜는 단순하고 천한 것을 좋아하고, 거친 것을 거부하지 않으며, 낡고 허름한 옷 입기를 거부하지 않는다.

본성은 유행을 주시하고, 물질적 이득을 기뻐하고, 상실감에 우울하고, 심지어 모욕적인 말이라고 의심되는 모든 말에 짜증을 낸다. 그러나 은혜는 영원한 것을 생각하고 지나가는 것에 집착하지 않고, 물질을 잃어도 동요하지 않고, 온갖 가혹한 말에도 격분하지 않는다. 왜냐하면, 은혜는 그 기쁨과 보물을 아무것도 사라지지 않는 하늘에 두기 때문이다.

본성은 욕심이 많고, 주기보다는 받기를 좋아하며, 개인적이고 사적인 것을 좋아한다. 반면에 은혜는 친절하고 나누어주며, 이기심이 없고, 작은 것에 만족하고, 주는 것이 받는 것보다 더 복된 줄로 여긴다.

본성은 사람을 피조물과 자기의 몸과 헛된 일에 빠지게 하고 분주히 움직이게 만든다. 그러나 은혜는 사람을 하나님과 미덕으로 이끌며, 하나님과 하나님 사이에 있는 모든 것에서 등을 돌리고, 영적인 일을 희생하면서 세속적인 일에 얽매이지 않고, 거의 돌아다니지 않고, 대중 앞에 드러내는 것을 부끄러워한다.

본성은 감각을 만족시킬 수 있는 외부의 위로를 기꺼이 받아들인다. 그러나 은혜는 오직 하나님 안에서 위로를 구하며 눈에 보이는 모든 것보다 최고의 선을 기뻐한다.

본성은 자신의 이익과 이득을 위해 모든 일을 한다. 대가 없이는 아무것도 할 수 없다. 친절에 대한 대가로 동등하거나 더 나은 대가를 바라고, 그렇지 않으면 칭찬이나 호의를 요구한다. 왜냐하면, 자신의 행위와 재능이 모든 사람에게 인정받기를 열망하기 때문이다. 하지만 은혜는 일시적인 것을 추구하지 않는다. 그것은 오직 하나님 외에는 어떤 보상도 요구하지 않으며, 영생을 얻는 데 도움이 될 수 있는 필수품 외에는 이생에서 더 많은 것을 원하지 않는다.

본성은 많은 친구와 친척을 기뻐하고, 귀한 재산과 인상적인 족보를 자랑하고, 권력자들에게 미소를 짓고,

부유한 사람들에게 아첨하고, 자신과 비슷하게 보이고 행동하는 사람들에게 박수를 보낸다. 그러나 은혜는 원수까지도 사랑하고, 많은 친구 앞에서 우쭐대지 않고, 더 큰 미덕을 암시하지 않는 한 지위나 출생에 많은 기준을 두지 않는다. 은혜는 부자보다 가난한 자를 더 좋아하고, 강한 자보다 순진한 자에게 더 큰 감정을 갖고, 거짓된 자가 아니라 정직한 자를 기뻐하고, 항상 선한 자들이 더 나은 은사를 갈망하고 미덕을 실천함으로써 더욱 하나님의 아들을 닮아가도록 격려한다.

본성은 궁핍과 어려움에 대해 속히 불평한다. 은혜는 가난을 단호하게 참는다. 본성은 모든 것을 자기 자신에게로 돌리고, 자신을 스포트라이트를 받게 하고, 자신을 그 자리에 머물게 하려고 싸운다. 그러나 은혜는 모든 것의 근원이신 하나님을 높인다. 은혜는 자신에게 좋은 것을 돌리지 않으며 오만하게 자신을 밀어붙이지 않는다. 자신의 의견을 다른 사람의 주장보다 선호하지 않는다. 은혜는 모든 느낌과 이해에서 영원한 지혜와 신성한 감찰에 몸을 낮춘다.

본성은 비밀을 알고 싶어 하고 최신 뉴스에 대한 내부 이야기를 알고 싶어 한다. 본성은 대중에게 보이기를 원하고 감각적인 경험에 흠뻑 빠져들기를 원한다. 본성은 다른 사람들의 주목을 받고 싶어 하며 칭찬과 감탄을 불러일으키는 일을 하고 싶어 한다. 그러나 은혜는 새로운 것을 듣거나 이상한 생각에 사로잡히는 것을 좋아하지 않는다. 왜냐하면, 이 모든 것은 옛 부패에서 비롯되기 때문이다. 결국, 이 땅에는 새롭거나 지속되는 것이 없다. 그러므로 은혜는 우리에게 감각을 억제하고, 공허한 만족과 공허한 과시를 피하고, 칭찬하고 감탄할 만한 것들을 겸손히 숨기라고 가르친다. 은혜는 우리에게 영혼에 유익한 것을 구하고 하나님의 찬양과 영광을 구하도록 가르친다. 인간이 행한 모든 것과 배운 모든 것이 이 목적을 향하고 있다. 은혜는 그 자체나 은혜가 행한 일이 칭찬받기를 바라지 않고, 순수한 사랑으로 모든 것을 아낌없이 베푸시는 하나님이 자기의 은사로 말미암아 찬양받으시기를 원한다.

은혜는 초자연적인 빛이자 하나님의 특별한 선물이

며, 그분이 택하신 자들을 구별하는 표이다. 은혜는 영원한 구원의 확신이다. 은혜는 사람을 땅의 것에서 하늘의 것을 사랑하도록 일으키고, 교만하고 자기중심적인 사람을 영적인 사람으로 변화시킨다. 본성이 더 많이 억제되고 정복될수록 더 많은 은혜가 부어지며, 주께서 날마다 그에게 새롭게 오심으로 사람은 영혼 깊은 곳에서 하나님의 형상을 따라 새롭게 된다.

Chapter_55
타락한 본성과 신성한 은혜의 효과

제자 :

주 하나님, 주님은 저를 주님의 형상과 모양대로 창조하셨습니다. 구원에 매우 중요하다고 보여주신 이 은혜를 저에게 허락하셔서 저를 죄와 파멸에 빠지게 하는 저의 결함 있는 본성을 극복할 수 있게 하십시오. 제 몸에서는 죄의 법이 마음의 법과 싸우는 것을 느끼며, 많은 일에 있어서 타락한 본성에 복종하도록 저를 포로로 만듭니다. 제 마음에 열렬히 부어주신 주님의 거룩한 은혜의 도움을 받지 않으면 저는 본성의 충동을 거부할 수 없습니다.

처음부터 악하기 쉬운 본성을 이기기 위해서는 주님의 은혜가 너무나 많이 필요합니다. 첫 사람 아담의 죄로 인해 본성이 타락하고 오염된 이후로, 그 범죄에 대한 형벌이 온 인류에게 내려졌습니다. 주님이 선하고 흠 없게 만드신 본성은 이제 악덕과 나약함을 상징합니다. 본성의 자연적인 경향을 그대로 놔두면 모든 것을 끌어내립니다.

남아 있는 작은 힘은 재 밑에 감추어진 희미한 불씨뿐입니다. 그것은 큰 어둠에 싸여 있으면서도 여전히 선과 악, 참과 거짓을 판단할 수 있는 능력을 갖고 있는 자연 이성 그 자체입니다. 그러나 그것은 옳다고 알고 있는 모든 것에 따라 행동할 수 없으며 더는 진리의 완전한 빛이나 애정의 절대적인 순수성을 소유하지도 못합니다.

하나님, 이처럼 제가 제 영혼 깊은 곳에서 주님의 법을 즐거워하며 주님의 계명들이 선하고 공의로우며 거룩함을 압니다. 이는 이 계명이 우리로 모든 악과 죄에서 떠나게 하려 함이기 때문입니다. 그런데도, 저는 죄의 법을 섬기고 있으며, 이성보다는 관능에 복종하고 있습니다. 그러므로 선한 것을 원하는 것은 제 능력 안에 있지만 그것을 성취할 힘은 찾을 수 없습니다. 그래서 저도 좋은 계획을 많이 세울 때가 많지만, 제 연약함을 도와줄 은혜가 부족해서 조금만 저항해도 뒤로 물러나고 머뭇거립니다. 그러므로 저는 온전함에 이르는 길을 알고 제가 해야 할 일이 무엇인지 분명히 알지만, 제 부패의 무게에 짓눌려 더 나은 일을 위해 힘쓰지 않습니다.

오 주님, 제가 어떤 선한 일을 시작하고 계속하고 끝까지 가려면, 주님의 은혜가 절대적으로 필요합니다. 그것이 없으면 저는 아무것도 할 수 없습니다. 은혜가 저를 강화해주면, 저는 모든 것을 할 수 있습니다. 오, 참된 천상의 은혜가 없으면 우리의 공로는 아무 의미가 없고 우리의 타고난 능력은 무가치합니다! 주님, 은혜 없이는 예술과 부요, 아름다움이나 힘, 재치나 웅변도 주님 눈에는 아무런 가치가 없습니다.

선한 사람과 악한 사람은 본성의 선물을 공유하지만, 은혜는 하나님께서 택하신 자들의 특별한 선물입니다. 그것으로 인봉되었으므로 그들은 영생을 얻기에 합당한 자로 여김을 받습니다. 이 은혜는 너무나 뛰어나서 예언의 은사도, 능력 행함도, 신적 상상도 이 은혜 없이는 아무 가치가 없습니다. 사실, 은혜와 사랑이 없이는 믿음이나 소망이나 다른 어떤 미덕도 주님에게 받아들여지지 않습니다.

오, 가장 복된 은혜! 주님은 심령이 가난한 자를 미덕으로 부하게 하시고 좋은 것이 많은 자를 마음이 겸손하게 하십니다. 저에게 오시고 임하십시오. 이른 아침에 주님의 위로로 저를 채워주십시오. 제 영혼이 피곤함과 메마름으로 곤하지 않게 하십시오. 오 주님, 제가 주님 눈에 은혜를 입게 되기를 기도합니다. 본성이 원하는 것을 아무것도 받지 못하더라도, 주님의 은혜는 저에게 충분합니다. 제가 시험을 받고 많은 환난을 당해도, 주님의 은혜가 저와 함께 있는 동안에는 해를 두려워하지 않을 것입니다. 은혜는 저의 힘입니다. 은혜는 저에게 위로와 도움을 줍니다. 은혜는 모든 원수보다 강하고 모든 현명한 자보다 현명합니다. 주님의 은혜는 진리의 여주인이며, 훈계의 스승이며, 마음의 빛이며, 괴로움을 겪는 이들을 위로합니다. 은혜는 슬픔을 쫓아내고, 두려움을 추방하고, 헌신을 키우고, 눈에서 눈물을 흘리게 합니다. 주님의 은혜가 없으면, 저는 그저 말라버린 불쏘시개, 쓸모없는 그루터기, 버려질 수밖에 없는 존재에 불과하지 않겠습니까? 주님, 그러므로 주님의 은혜가 항상 제 앞에 행하고 저를 따르게 하시고, 주님의 아들 예수 그리스도를 통해 저로 항상 선한 일에 전념하게 하십시오. 아멘.

Chapter_56
십자가의 길로 말미암아 그리스도를 본받아야 함

예수 :

사랑하는 친구여, 너는 자신을 더 많이 버릴수록 나에게 더 많이 들어갈 수 있을 것이다. 자신 외에는 아무 것도 바라지 않는 것이 내면의 평화를 이루는 것처럼, 자신을 버리는 것도 너를 하나님과 연합시키는 것이다. 나는 네가 원망하거나 불평하지 않고 내 뜻에 온전히 자신을 내어 맡기는 법을 배우기를 원한다.

나를 따르라. 나는 길이요, 진리요, 생명이다. 길이 없으면, 행함이 없다. 진리가 없으면, 지식이 없다. 생명이 없으면, 생활이 없다. 나는 네가 따라야 할 길이다. 나는 네가 믿어야 할 진리다. 나는 네가 소망하는 생명이다. 나는 파괴될 수 없는 길, 틀릴 수 없는 진리, 끝낼 수 없는 생명이다. 나는 가장 곧은 길이요, 최고의 진리요, 참된 생명이요, 복된 생명이요, 낳으신 것이지 만들어진 것이 아니다.

네가 계속 내 길을 가면 진리를 알 것이고 진리가 너를 자유롭게 할 것이다. 너는 영생을 얻게 될 것이다. 생명에 들어가고자 하거든, 계명을 지켜라. 진리를 알고 싶거든, 나를 믿어라. 네가 완벽해지고 싶거든, 네가 가진 모든 것을 팔아라. 네가 나를 따르기를 원하거든, 너 자신을 부인해라. 복된 삶을 살고 싶거든, 현재의 삶이 무엇인지 살펴보아라. 천국에서 높아지기를 원하거든, 이 세상에서 자신을 낮추어라. 나와 함께 통치하고 싶거든, 내 십자가를 져라. 오직 십자가의 종들만이 축복과 참 빛의 길을 찾을 수 있기 때문이다.

제자 :
주 예수님, 주님은 좁은 데서 사셨고 세상의 멸시를

받으셨으니, 주님이 제게 보내시는 짐으로 제가 주님을 본받도록 하십시오. 종이 주인보다 크지 못하며 제자가 선생보다 크지 못합니다. 주님의 종을 주님 삶의 본으로 훈련하십시오. 저는 거기서 제 구원과 참된 거룩함을 발견할 것입니다. 제가 읽거나 듣는 것 외에는 무엇이든 저에게 상쾌함도 기쁨도 주지 않습니다.

예수 :

사랑하는 친구여, 네가 이것들을 알고 그에 관한 모든 것을 읽었으니, 네가 행하면 복이 있을 것이다. 내 계명을 듣고 지키는 사람은 나를 볼 것이며 내 아버지의 나라에 나와 함께 앉을 것이다.

제자 :

주 예수님, 주님께서 말씀하시고 약속하신 대로 이루어지게 하십시오. 저는 그럴 자격이 있습니다! 저는 주님의 무거운 십자가를 졌습니다. 저는 그것을 주님의 손에서 취했습니다. 주님이 그것을 저에게 맡기셨으니, 저는 죽을 때까지 그것을 지겠습니다. 진실로 홀륭한 수도사나 훌륭한 그리스도인의 삶은 십자가이지만, 그것은 낙원으로 향하는 나침반이기도 합니다. 이제 우리는 여행을 시작했으니, 뒤로 물러서거나 포기해서는 안 됩니다.

그러니 우리와 함께 가십시오! 우리 함께 앞으로 나아갑시다! 예수님은 우리와 함께하실 것입니다. 우리는 예수님을 위해 이 십자가를 졌습니다. 우리가 예수님을 위해 십자가를 고수하도록 하십시오. 우리 사령관이 우리를 돕는 분이 되실 것입니다. 그분은 이미 길을 정찰하셨습니다. 보십시오! 우리 왕께서 우리보다 앞서 행군하시며 우리를 위해 싸우실 것입니다! 용기 있게 그분을 따릅시다. 누구도 두려움에 움츠러들지 마십시오! 전투에서 용감하게 죽을 준비를 합시다! 십자가를 버려서 우리의 영광을 더럽히지 맙시다!

Chapter_57
실패했을 때 너무 낙심하지 말아야 함

예수 :

사랑하는 친구여, 환란 때의 인내와 겸손은 형통할 때의 많은 위안과 헌신보다 나를 더 기쁘게 한다. 왜 네게 대한 사소한 말에 그렇게 화를 내는 것이냐? 그들이 더 많은 말을 했어도 너는 방해받지 말았어야 했다. 하지만 이제 신경쓰지 마라. 이것은 새로운 것이 아니다. 이런 일이 일어난 것은 이번이 처음이 아니며, 네가 오래 산다면 이것이 마지막도 아닐 것이다.

너에게 불행이 오지 않는 한 너는 용감하다. 너는

좋은 조언을 줄 수 있고, 네 말로 다른 사람을 강화하는 방법을 알고 있다. 그러나 어떤 재난이 갑자기 네 문을 두드릴 때 네 조언과 용기는 뒤로 물러난다! 네가 작은 어려움 속에서 자주 경험했던 큰 약점을 기억해라. 그러나 이 작은 어려움들과 그와 유사한 다른 어려움들은 너의 구원을 위해 일어났다.

최선을 다해 각 문제를 네 마음에서 제거해라. 그것이 너에게 닿았다면, 그것이 너를 쓰러뜨리거나 오랫동안 그 거미줄에 걸려 있지 마라. 기쁨으로 참을 수 없다면, 적어도 인내심을 갖고 참아내라. 그리고 그런 말을 듣고 싶지 않고, 듣고 나면 짜증이 나도 입을 열지 마라. 영적인 삶을 처음 접하는 소자들에게 충격을 주거나 환멸을 줄 수 있는 경솔한 말을 네 입에서 꺼내지 마라. 너의 흥분은 곧 가라앉고 은혜가 돌아오면 내면의 슬픔은 달콤한 것으로 변할 것이다.

네가 나를 신뢰하고 기도하는 마음으로 나를 부르면, 나는 이전보다 훨씬 더 너를 돕고 위로할 준비가 되어 있다. 용기를 갖고 인내력에 대한 훨씬 더 큰 요구에 대비해라. 네가 자주 유혹을 받거나 심한 유혹을 받는다고 느껴도 아직 모든 것을 잃은 것은 아니다. 너는 신이 아니다. 너는 인간이다. 너는 육체다. 너는 천사가 아니다. 루시퍼가 하늘에 있을 때 그럴 수 없었고, 아담이 낙원에 있을 때도 그럴 수 없었는데, 너는 어떻게 흔들리지 않는 미덕을 계속 이어갈 수 있겠느냐? 나는 애통하는 자들을 안전하게 일으켜 세우는 자이고, 나의 신성에 참여하도록 너를 초대하는 자이다. 그러나 나는 자신의 약점을 인식하는 사람들만을 발전시킨다.

제자 :

주님, 주님의 말씀을 찬양합니다. 주님의 말씀은 제 입에 꿀과 송이꿀보다 더 달콤합니다. 주님이 주님의 거룩한 말씀으로 저를 강하게 하시지 않으면, 제가 시련과 환난 속에서 어떻게 하겠습니까? 제가 결국 안전한 항구에 도달하는 한, 제가 얼마나 많은 시련을 견디고 어떤 종류의 시련을 겪든 상관없겠습니까? 저에게 좋은 결말을 허락해 주십시오. 저에게 이 세상에서 행복한 길을 허락해 주십시오. 하나님, 저를 기억하시고, 주님의 왕국에 이르는 올바른 길로 저를 인도해 주십시오. 아멘.

Chapter_58
우리의 이해를 초월하는 것들을 캐묻지 않기

예수 :

사랑하는 친구여, 고상한 주제와 하나님의 비밀스러운 심판에 관해 토론하는 것을 조심해라. 왜 한 사람은 그토록 버림을 받고 다른 사람은 그런 은혜를 입게 되었는지, 또 어떤 사람은 그토록 심한 고난을 받는데 다른 사람은 크게 높아지는 이유가 무엇인지 묻지 마라. 이런 일은 이해를 초월하는 일이므로 아무리 논하고 토론해도 하나님의 심판을 꿰뚫어 볼 수 없다. 그러므로 원수가 너에게 그러한 것을 제안하거나 호기심

많은 사람들이 너에게 그것에 관해 물을 때, 선지자가 한 말을 인용해라. "여호와여 주는 의로우시고 주의 판단은 옳으니이다"(시 119:137). "여호와를 경외하는 도는 정결하여 영원까지 이르고 여호와의 법도 진실하여 다 의로우니"(시 19:9). 내 심판은 논쟁되는 것이 아니라 존중되어야 한다. 왜냐하면, 내 심판은 인간의 머리로는 이해할 수 없기 때문이다.

마찬가지로 성인들(saints)의 공로를 캐묻거나 논쟁하지 마라. 천국에서 누가 더 거룩하고 누가 크냐를 놓고 다투지 마라. 그러한 질문은 종종 다툼과 쓸데없는 불협화음을 낳고, 교만과 독선을 부추기며, 이 모든 것은 시기와 불화를 불러일으킨다. 왜냐하면, 한 사람은 자기가 선호하는 성인을 내세우고 다른 사람은 자기가 선호하는 성인을 내세우기 때문이다.

그런 것을 알고 싶어 하고 캐묻는 것은 누구에게도 유익하지 않다. 오히려 그것은 성인들을 크게 불쾌하게 한다. 나는 분쟁의 하나님이 아니라 평화의 하나님이다. 이 평화는 지원보다는 진정한 겸손에 더 가깝다. 어떤 사람들은 개인적인 감정에 따라 한 성인에게 끌리지만, 이러한 감정은 나보다 그들에게서 더 많이 나온다.

나는 모든 성인을 만든 자이다. 나는 그들에게 은혜를 주었다. 나는 그들의 영광에 대한 책임이 있다. 나는 각각의 장점을 알고 있다. 나는 나가서 많은 찬양을 받으며 각자를 기다렸다. 나는 태초부터 나의 사랑하는 사람들이 누구인지 알고 있다. 나는 세상에서 그들을 선택했다. 그들이 나를 선택한 것이 아니다. 나는 그들을 은혜로 부르고 자비로 이끌었다. 나는 그들을 많은 유혹에서도 안전하게 인도했다. 나는 그들을 아낌없는 위로로 흠뻑 적셨다. 나는 그들에게 인내를 주었다. 나는 그들의 인내에 왕관을 씌웠다. 나는 누가 먼저이고 누가 마지막인지 안다. 나는 무한한 사랑으로 그들 모두를 포옹한다. 나는 나의 성인들에게서 찬양받아야 하며, 무엇보다도 내가 그토록 영광스럽게 칭찬하고 택한 그들 각자의 공로를 전혀 고려하지 않고 그들 각자에게서 찬양과 영광을 받아야 한다.

그러므로 내 성인 중 지극히 작은 자 하나를 업신여기는 자는 가장 큰 성인에게도 존경을 나타내지 않는다. 내가 작은 성인과 큰 성인을 만들었다. 누구든지 성인 중 한 사람을 비방하는 자는 천국에 있는 나와 및 모든 성인을 비방하는 자이다. 그들은 모두 사랑의 끈으로 하나다. 그들은 모두 같은 생각을 한다. 그들은 모두 같은 소망을 가지고 있다. 그리고 그들은 모두 서로 사랑한다. 그러나 이보다 더 놀라운 것은 그들 모두가 자기 자신과 자신의 가치보다 나를 더 사랑한다는 것이다. 왜냐하면, 그들은 자기 자신보다 훨씬 더 높이 올라갔고, 자기애에서 멀어져서 나를 향한 사랑에 완전히 빠져 있기 때문이다. 그들은 내 안에서 안식하고 완전해진다. 그들을 나에게서 멀어지게 하거나 낙담시킬 것은 없다. 왜냐하면, 그들은 영원한 진리로 가득 차 있고 절대로 꺼지지 않는 신성한 사랑의 불로 타오르기 때문이다.

그러므로 자기 주장에만 사로잡혀 있는 사람들, 자기 자신과 자기 관점만 사랑하는 사람들은 성인들의 지위에 대해 조용히 있어야 한다. 그들은 영원한 진리가 기뻐하는 대로가 아니라 자신들의 바람에 맞게 영광을 더하거나 뺀다.

많은 사람이 순수한 무지 때문에 이런 식으로 행동한다. 이것은 누군가를 마땅히 사랑하는 방법을 모르는 영적인 얼간이들에게 특히 해당한다. 그들은 한 성인의 삶이 매력적이기 때문에 그 성인에게 끌리기도 하고, 친구가 그를 좋아하기 때문에 다른 성인에게 끌리기도 한다! 그들은 땅에서도 그런 식으로 일이 이루어지므로 하늘에서도 반드시 그렇게 될 것으로 상상한다! 그러한 사람의 생각과 하늘의 빛으로 맑아진 눈을 통해 보는 사람의 생각 사이에는 엄청난 차이가 있다.

친구여, 그러므로 네 이해를 초월하는 것에 대해 너무 호기심을 갖지 않도록 조심해라. 대신에, 네가 하나님의 왕국에서 가장 보잘것없는 사람일지라도 하나님의 왕국에서 발견될 수 있도록 이것을 목표로 삼아라. 또 누구든지 천국에서 어떤 성인이 더 거룩하고 더 큰지 알면, 그 지식이 그에게 무슨 유익이 있겠느냐? 그렇지 않으면, 그 사람이 내 앞에서 더욱 자기를 낮추어 내 이름에 더욱 큰 영광을 돌리지 않겠느냐?

자신의 죄가 크고, 덕에 발전이 거의 없으며, 성도의 온전함에서 얼마나 멀리 떨어져 있는지를 생각하는 사람은 누군가를 두고 논쟁하는 사람보다 하나님께 훨씬 더 받아들여질 만한 사람이다. 경건한 기도와 눈물, 겸손한 마음으로 성인들에게 도움을 청하는 것이 그들을 어리석은 질문들로 괴롭히는 것보다 낫다. 성인들은 완전하고 완벽하게 만족한다. 사람들이 언제 허튼소리를 하지 않는 법을 배우게 될까!

성인들은 자신의 공로를 자랑하지 않는다. 왜냐하면, 그들은 자신에게는 좋은 것이 없고 모든 공로는 나에게 있다고 여기기 때문이다. 내가 무한한 사랑으로 그들에게 모든 것을 주었기 때문이다. 그들은 하나님을 향한 큰 사랑으로 가득 차 있고 넘치는 기쁨을 누리고 있어서 그들의 영광과 행복에는 부족함이 없다. 모든 성도도 이와 같다. 영광 중에 높을수록 그 자신이 더욱 겸손하고 나와 더 가까우며 내 사랑을 더욱 받는 것이다. 그러므로 너는 "이십사 장로들이 보좌에 앉으신 이 앞에 엎드려 세세토록 살아 계시는 이에게 경배하고 자기의 관을 보좌 앞에 드리며 이르되"(계 4:10)라는 말씀을 읽게 되는 것이다.

많은 사람은 자신이 가장 작은 자 가운데 포함될 자

격이 있는지 모르는 채 하나님의 왕국에서 누가 가장 큰 자인지 알아보려고 노력한다. 모든 자가 큰 곳에서는 가장 작은 자라도 큰 자가 되기에 이것은 위대한 일이다. 이는 모든 자가 부르심을 받고 하나님의 자녀가 될 것이기 때문이다. 가장 작은 자는 귀하게 될 것이며, 죄인은 백 살이 되어도 결국 죽을 것이다.

제자들이 천국에서는 누가 크냐고 묻자 "진실로 너희에게 이르노니 너희가 돌이켜 어린 아이들과 같이 되지 아니하면 결단코 천국에 들어가지 못하리라 그러므로 누구든지 이 어린 아이와 같이 자기를 낮추는 사람이 천국에서 큰 자니라"(마 18:3,4) 하는 대답을 들었다.

어린아이들과 함께 기꺼이 자신을 낮추기에는 자기 자신이 너무 선하다고 생각하는 자들에게 화가 있을 것이다. 이는 천국의 낮은 문은 그들이 들어오는 것을 허락하지 않을 것이기 때문이다. 여기서 위로를 받는 부자들에게는 화가 있을 것이다. 이는 가난한 자들이 하나님의 왕국에 들어갈 동안에 그들은 밖에 서서 통곡할 것이기 때문이다. 너 겸손한 자여, 기뻐해라! 너

가난한 자여, 기뻐해라! 네가 진리의 길을 행하면 하나님의 왕국은 네 것이다!

Chapter_59
모든 소망과 신뢰를 오직 하나님께 고정하기

제자 :

주님, 제가 이생에서 무엇을 의지할 수 있겠습니까? 하늘 아래 나타난 모든 것 중에 저의 가장 큰 위로는 무엇입니까? 주 하나님, 주님이 저의 가장 큰 위로이시며, 자비가 무한하십니다. 주님 없이 제가 형통한 적이 있었습니까? 제가 주님과 함께 있을 때 안 좋은 일이 일어난 적이 있었습니까? 저는 주님 없이 부자가 되느니 차라리 주님을 위해 가난해지기를 원합니다. 저는 주님 없이 천국에 있기보다는 주님과 함께 이 땅을 떠도는 순례자가 되고 싶습니다. 주님이 있는 곳에 천국이 있습니다. 주님이 없는 곳에는 죽음과 지옥이 있습니다. 주님은 제가 갈망하는 전부입니다. 그러므로 저는 주님을 위해 탄식하고, 주님을 향해 부르짖고, 주님의 마음을 움직이게 될 것입니다. 하나님, 주님 외에는 제가 어려울 때 도움을 청할 수 있는 분이 없습니다. 주님은 저의 소망과 확신과 위로자이십니다. 주님은 모든 일에 신실하십니다.

모든 사람이 자신을 보살핍니다. 오직 주님만이 저의 구원과 발전을 살펴보시며 모든 일이 저에게 유익이 되도록 보살펴 주십니다. 주님은 저를 유혹과 고난에 노출시키시더라도, 사랑하는 사람들을 수천 가지 방법으로 시험하시는 주님은 모든 것을 저에게 유익하도록 만드십니다. 이런 식으로 저를 시험하시면, 주님이 저를 하늘의 위로로 가득 채워 주신 것과 마찬가지로 주님도 사랑과 찬양을 받으셔야 합니다. 주 하나님, 그러므로 저는 저의 모든 소망을 주님께 두며 저의 모든 피난처를 주님 안에서 찾습니다. 저의 모든 근심과 걱정을 주님 앞에 내려놓습니다. 주님이 아닌 모든 것은 나약하고 불안정합니다. 친구가 많다고 해서 저에게 도움이 되는 것은 아니며, 유력한 동료들이 저에게 도움이 될 수도 없습니다. 신중한 조언자들도 저를 도울 수 없고, 읽은 책들도 저를 위로할 수 없습니다. 부요는 저를 속량할 수 없고, 어떤 은밀한 장소도 저를 안전하게 지켜줄 수 없습니다. 주님 자신이 저를 도우시지 않고, 위로하시지 않고, 가르치시지 않고, 돌보시지 않으면, 이 중 어느 것도 도움이 되지 않을 것입니다. 우리의 평화와 행복을 위한 것처럼 보이는 모든 것이 주님 없이는 아무것도 아닙니다. 사실, 그들은 우리에게 전혀 행복을 가져다주지 않습니다.

주님은 모든 선의 대상이고, 삶의 정점이고, 지혜의 깊이입니다. 주님 종들의 가장 큰 위로는 무엇보다도 주님께 소망을 두는 것입니다. 저는 주님에게 눈을 돌립니다. 자비의 아버지 하나님, 저는 주님을 신뢰합니다. 제 영혼을 축복하시고 주님의 하늘 축복으로 거룩하게 하십시오. 제 영혼이 주님의 거룩한 거처, 주님의 영원한 영광이 머무는 곳이 되게 하십시오. 주님의 성전에 주님의 마음을 거슬리는 것이 없기를 바랍니다.

주의 크신 선하심과 많은 긍휼을 따라 저를 굽어보시고 죽음의 그늘진 땅에서 멀리 유배된 주의 불쌍한 종의 기도를 들으십시오. 삶의 많은 위험 가운데서 여행하는 주님 종의 영혼을 보호하고 지켜주십시오. 주님의 은혜로 그가 영원한 빛의 땅에 있는 본향으로 돌아갈 때까지 그를 평화의 길로 인도하십시오. 아멘.

불멸의 기독교 고전
제자의 기도, 예수님의 화답

펴 낸 날	1판 1쇄 2025년 3월 20일
지 은 이	토마스 아 켐퍼스
펴 낸 이	이환호
옮 긴 이	임은묵
편 집 인	임은묵
펴 낸 곳	도서출판 예찬사
등 록	1979. 1. 16 제 2018-000103호
주 소	경기도 고양시 덕양구 중앙로 557번길 8-9, 엠앤지프라자 407-2호
전 화	02-798-0147-8
팩시밀리	02-798-0145, 031-979-0145
블 로 그	blog.naver.com/yechansa
이 메 일	octo0691@naver.com
I S B N	978-89-7439-523-0　03230

좋은 책은 좋은 사람을 만듭니다.
예찬사는 기독교 출판 실천윤리강령을 준수합니다.